PORTUGUESE
VOCABULARY

FOR ENGLISH SPEAKERS

ENGLISH
PORTUGUESE

The most useful words
To expand your lexicon and sharpen
your language skills

5000 words

Brazilian Portuguese vocabulary for English speakers - 5000 words

By Andrey Taranov

T&P Books vocabularies are intended for helping you learn, memorize and review foreign words. The dictionary is divided into themes, covering all major spheres of everyday activities, business, science, culture, etc.

The process of learning words using T&P Books' theme-based dictionaries gives you the following advantages:

- Correctly grouped source information predetermines success at subsequent stages of word memorization
- Availability of words derived from the same root allowing memorization of word units (rather than separate words)
- Small units of words facilitate the process of establishing associative links needed for consolidation of vocabulary
- Level of language knowledge can be estimated by the number of learned words

Copyright © 2019 T&P Books Publishing

All rights reserved. No part of this book may be reproduced or utilized in any form or by any means, electronic or mechanical, including photocopying, recording or by information storage and retrieval system, without permission in writing from the publishers.

T&P Books Publishing
www.tpbooks.com

ISBN: 978-1-78767-450-9

This book is also available in E-book formats.
Please visit www.tpbooks.com or the major online bookstores.

BRAZILIAN PORTUGUESE VOCABULARY
for English speakers

T&P Books vocabularies are intended to help you learn, memorize, and review foreign words. The vocabulary contains over 5000 commonly used words arranged thematically.

- Vocabulary contains the most commonly used words
- Recommended as an addition to any language course
- Meets the needs of beginners and advanced learners of foreign languages
- Convenient for daily use, revision sessions, and self-testing activities
- Allows you to assess your vocabulary

Special features of the vocabulary

- Words are organized according to their meaning, not alphabetically
- Words are presented in three columns to facilitate the reviewing and self-testing processes
- Words in groups are divided into small blocks to facilitate the learning process
- The vocabulary offers a convenient and simple transcription of each foreign word

The vocabulary has 155 topics including:

Basic Concepts, Numbers, Colors, Months, Seasons, Units of Measurement, Clothing & Accessories, Food & Nutrition, Restaurant, Family Members, Relatives, Character, Feelings, Emotions, Diseases, City, Town, Sightseeing, Shopping, Money, House, Home, Office, Working in the Office, Import & Export, Marketing, Job Search, Sports, Education, Computer, Internet, Tools, Nature, Countries, Nationalities and more ...

TABLE OF CONTENTS

Pronunciation guide 10
Abbreviations 12

BASIC CONCEPTS 14
Basic concepts. Part 1 14

1. Pronouns 14
2. Greetings. Salutations. Farewells 14
3. How to address 15
4. Cardinal numbers. Part 1 15
5. Cardinal numbers. Part 2 16
6. Ordinal numbers 17
7. Numbers. Fractions 17
8. Numbers. Basic operations 17
9. Numbers. Miscellaneous 18
10. The most important verbs. Part 1 18
11. The most important verbs. Part 2 19
12. The most important verbs. Part 3 20
13. The most important verbs. Part 4 21
14. Colors 22
15. Questions 23
16. Prepositions 24
17. Function words. Adverbs. Part 1 24
18. Function words. Adverbs. Part 2 26

Basic concepts. Part 2 28

19. Weekdays 28
20. Hours. Day and night 28
21. Months. Seasons 29
22. Units of measurement 31
23. Containers 32

HUMAN BEING 34
Human being. The body 34

24. Head 34
25. Human body 35

Clothing & Accessories 37

26.	Outerwear. Coats	37
27.	Men's & women's clothing	37
28.	Clothing. Underwear	38
29.	Headwear	38
30.	Footwear	38
31.	Personal accessories	39
32.	Clothing. Miscellaneous	40
33.	Personal care. Cosmetics	40
34.	Watches. Clocks	41

Food. Nutricion 43

35.	Food	43
36.	Drinks	45
37.	Vegetables	46
38.	Fruits. Nuts	46
39.	Bread. Candy	47
40.	Cooked dishes	48
41.	Spices	49
42.	Meals	49
43.	Table setting	50
44.	Restaurant	51

Family, relatives and friends 52

45.	Personal information. Forms	52
46.	Family members. Relatives	52

Medicine 54

47.	Diseases	54
48.	Symptoms. Treatments. Part 1	55
49.	Symptoms. Treatments. Part 2	56
50.	Symptoms. Treatments. Part 3	57
51.	Doctors	58
52.	Medicine. Drugs. Accessories	58

HUMAN HABITAT 60
City 60

53.	City. Life in the city	60
54.	Urban institutions	61
55.	Signs	63

56.	Urban transportation	64
57.	Sightseeing	65
58.	Shopping	65
59.	Money	66
60.	Post. Postal service	67

Dwelling. House. Home
69

61.	House. Electricity	69
62.	Villa. Mansion	69
63.	Apartment	70
64.	Furniture. Interior	70
65.	Bedding	71
66.	Kitchen	71
67.	Bathroom	72
68.	Household appliances	73

HUMAN ACTIVITIES
75
Job. Business. Part 1
75

69.	Office. Working in the office	75
70.	Business processes. Part 1	76
71.	Business processes. Part 2	77
72.	Production. Works	78
73.	Contract. Agreement	80
74.	Import & Export	80
75.	Finances	81
76.	Marketing	82
77.	Advertising	82
78.	Banking	83
79.	Telephone. Phone conversation	84
80.	Cell phone	84
81.	Stationery	85
82.	Kinds of business	85

Job. Business. Part 2
88

| 83. | Show. Exhibition | 88 |
| 84. | Science. Research. Scientists | 89 |

Professions and occupations
91

85.	Job search. Dismissal	91
86.	Business people	91
87.	Service professions	93
88.	Military professions and ranks	93
89.	Officials. Priests	94

90.	Agricultural professions	95
91.	Art professions	95
92.	Various professions	96
93.	Occupations. Social status	97

Education 99

94.	School	99
95.	College. University	100
96.	Sciences. Disciplines	101
97.	Writing system. Orthography	101
98.	Foreign languages	103

Rest. Entertainment. Travel 105

99.	Trip. Travel	105
100.	Hotel	106

TECHNICAL EQUIPMENT. TRANSPORTATION 107
Technical equipment 107

101.	Computer	107
102.	Internet. E-mail	108
103.	Electricity	109
104.	Tools	110

Transportation 113

105.	Airplane	113
106.	Train	114
107.	Ship	115
108.	Airport	117

Life events 119

109.	Holidays. Event	119
110.	Funerals. Burial	120
111.	War. Soldiers	121
112.	War. Military actions. Part 1	122
113.	War. Military actions. Part 2	123
114.	Weapons	125
115.	Ancient people	126
116.	Middle Ages	127
117.	Leader. Chief. Authorities	129
118.	Breaking the law. Criminals. Part 1	129
119.	Breaking the law. Criminals. Part 2	131

| 120. | Police. Law. Part 1 | 132 |
| 121. | Police. Law. Part 2 | 133 |

NATURE
The Earth. Part 1

122.	Outer space	135
123.	The Earth	136
124.	Cardinal directions	137
125.	Sea. Ocean	137
126.	Seas' and Oceans' names	138
127.	Mountains	139
128.	Mountains names	140
129.	Rivers	141
130.	Rivers' names	141
131.	Forest	142
132.	Natural resources	143

The Earth. Part 2

| 133. | Weather | 145 |
| 134. | Severe weather. Natural disasters | 146 |

Fauna

135.	Mammals. Predators	147
136.	Wild animals	147
137.	Domestic animals	149
138.	Birds	150
139.	Fish. Marine animals	151
140.	Amphibians. Reptiles	152
141.	Insects	152

Flora

142.	Trees	154
143.	Shrubs	155
144.	Fruits. Berries	155
145.	Flowers. Plants	156
146.	Cereals, grains	157

COUNTRIES. NATIONALITIES

147.	Western Europe	158
148.	Central and Eastern Europe	158
149.	Former USSR countries	159

NATURE 135
The Earth. Part 1 135
135
The Earth. Part 2 145
Fauna 147
Flora 154
COUNTRIES. NATIONALITIES 158

150.	Asia	159
151.	North America	160
152.	Central and South America	160
153.	Africa	161
154.	Australia. Oceania	161
155.	Cities	161

PRONUNCIATION GUIDE

T&P phonetic alphabet	Portuguese example	English example

Vowels

[a]	baixo ['baɪʃu]	shorter than in ask
[e]	erro ['eʀu]	elm, medal
[ɛ]	leve ['lɛve]	man, bad
[i]	lancil [lã'sil]	shorter than in feet
[o], [ɔ]	boca, orar ['bokɐ], [ɔ'rar]	drop, baught
[u]	urgente [ur'ʒẽte]	book
[ã]	toranja [tu'rãʒɐ]	nasal [a]
[ẽ]	gente ['ʒẽtɐ]	fang
[ĩ]	seringa [se'rĩgɐ]	nasal [i]
[õ]	ponto ['põtu]	strong
[ũ]	umbigo [ũ'bigu]	nasal [u]

Consonants

[b]	banco ['bãku]	baby, book
[d]	duche ['duʃe]	day, doctor
[dʒ]	abade [a'badʒi]	joke, general
[f]	facto ['faktu]	face, food
[g]	gorila [gu'rilɐ]	game, gold
[j]	feira ['fejrɐ]	yes, New York
[k]	claro ['klaru]	clock, kiss
[l]	Londres ['lõdrɐʃ]	lace, people
[ʎ]	molho ['moʎu]	daily, million
[m]	montanha [mõ'tɐɲɐ]	magic, milk
[n]	novela [nu'vɛlɐ]	name, normal
[ɲ]	senhora [se'ɲorɐ]	canyon, new
[ŋ]	marketing ['marketiŋ]	ring
[p]	prata ['pratɐ]	pencil, private
[s]	safira [sɐ'firɐ]	city, boss
[ʃ]	texto ['tɛʃtu]	machine, shark
[t]	teto ['tɛtu]	tourist, trip
[tʃ]	doente [do'ẽtʃi]	church, French

T&P phonetic alphabet	Portuguese example	English example
[v]	**alvo** [ˈalvu]	very, river
[z]	**vizinha** [viˈziɲɐ]	zebra, please
[ʒ]	**juntos** [ˈʒũtuʃ]	forge, pleasure
[w]	**sequoia** [səˈkwɔjɐ]	vase, winter

ABBREVIATIONS
used in the vocabulary

English abbreviations

ab.	-	about
adj	-	adjective
adv	-	adverb
anim.	-	animate
as adj	-	attributive noun used as adjective
e.g.	-	for example
etc.	-	et cetera
fam.	-	familiar
fem.	-	feminine
form.	-	formal
inanim.	-	inanimate
masc.	-	masculine
math	-	mathematics
mil.	-	military
n	-	noun
pl	-	plural
pron.	-	pronoun
sb	-	somebody
sing.	-	singular
sth	-	something
v aux	-	auxiliary verb
vi	-	intransitive verb
vi, vt	-	intransitive, transitive verb
vt	-	transitive verb

Portuguese abbreviations

f	-	feminine noun
f pl	-	feminine plural
m	-	masculine noun
m pl	-	masculine plural
m, f	-	masculine, feminine
pl	-	plural
v aux	-	auxiliary verb

vi	-	intransitive verb
vi, vt	-	intransitive, transitive verb
vr	-	reflexive verb
vt	-	transitive verb

BASIC CONCEPTS

Basic concepts. Part 1

1. Pronouns

I, me	eu	['ew]
you	você	[vɔ'se]
he	ele	['ɛli]
she	ela	['ɛla]
we	nós	[nɔs]
you (to a group)	vocês	[vɔ'ses]
they (masc.)	eles	['ɛlis]
they (fem.)	elas	['ɛlas]

2. Greetings. Salutations. Farewells

Hello! (fam.)	Oi!	[ɔj]
Hello! (form.)	Olá!	[o'la]
Good morning!	Bom dia!	[bõ 'dʒia]
Good afternoon!	Boa tarde!	['boa 'tardʒi]
Good evening!	Boa noite!	['boa 'nojtʃi]
to say hello	cumprimentar (vt)	[kũprimẽ'tar]
Hi! (hello)	Oi!	[ɔj]
greeting (n)	saudação (f)	[sawda'sãw]
to greet (vt)	saudar (vt)	[saw'dar]
How are you? (form.)	Como você está?	['kɔmu vo'se is'ta]
How are you? (fam.)	Como vai?	['kɔmu 'vaj]
What's new?	E aí, novidades?	[a a'i novi'dadʒis]
Bye-Bye! Goodbye!	Tchau!	['tʃaw]
See you soon!	Até breve!	[a'tɛ 'brɛvi]
Farewell!	Adeus!	[a'dews]
to say goodbye	despedir-se (vr)	[dʒispe'dʒirsi]
So long!	Até mais!	[a'tɛ majs]
Thank you!	Obrigado! -a!	[obri'gadu, -a]
Thank you very much!	Muito obrigado! -a!	['mwĩtu obri'gadu, -a]
You're welcome	De nada	[de 'nada]
Don't mention it!	Não tem de quê	['nãw tẽj de ke]

It was nothing	Não foi nada!	['nãw foj 'nada]
Excuse me! (fam.)	Desculpa!	[dʒis'kuwpa]
Excuse me! (form.)	Desculpe!	[dʒis'kuwpe]
to excuse (forgive)	desculpar (vt)	[dʒiskuw'par]
to apologize (vi)	desculpar-se (vr)	[dʒiskuw'parsi]
My apologies	Me desculpe	[mi dʒis'kuwpe]
I'm sorry!	Desculpe!	[dʒis'kuwpe]
to forgive (vt)	perdoar (vt)	[per'dwar]
It's okay! (that's all right)	Não faz mal	['nãw fajʒ maw]
please (adv)	por favor	[por fa'vor]
Don't forget!	Não se esqueça!	['nãw si is'kesa]
Certainly!	Com certeza!	[kõ ser'teza]
Of course not!	Claro que não!	['klaru ki 'nãw]
Okay! (I agree)	Está bem! De acordo!	[is'ta bẽj], [de a'kordu]
That's enough!	Chega!	['ʃega]

3. How to address

Excuse me, ...	Desculpe ...	[dʒis'kuwpe]
mister, sir	senhor	[se'ɲor]
ma'am	senhora	[se'ɲora]
miss	senhorita	[seɲo'rita]
young man	jovem	['ʒovẽ]
young man (little boy, kid)	menino	[me'ninu]
miss (little girl)	menina	[me'nina]

4. Cardinal numbers. Part 1

0 zero	zero	['zɛru]
1 one	um	[ũ]
2 two	dois	['dojs]
3 three	três	[tres]
4 four	quatro	['kwatru]
5 five	cinco	['sĩku]
6 six	seis	[sejs]
7 seven	sete	['sɛtʃi]
8 eight	oito	['ojtu]
9 nine	nove	['nɔvi]
10 ten	dez	[dɛz]
11 eleven	onze	['õzi]
12 twelve	doze	['dozi]
13 thirteen	treze	['trezi]
14 fourteen	catorze	[ka'tɔrzi]
15 fifteen	quinze	['kĩzi]

16 sixteen	**dezesseis**	[deze'sejs]
17 seventeen	**dezessete**	[dezi'setʃi]
18 eighteen	**dezoito**	[dʒi'zojtu]
19 nineteen	**dezenove**	[deze'nɔvi]
20 twenty	**vinte**	['vĩtʃi]
21 twenty-one	**vinte e um**	['vĩtʃi i ũ]
22 twenty-two	**vinte e dois**	['vĩtʃi i 'dojs]
23 twenty-three	**vinte e três**	['vĩtʃi i 'tres]
30 thirty	**trinta**	['trĩta]
31 thirty-one	**trinta e um**	['trĩta i ũ]
32 thirty-two	**trinta e dois**	['trĩta i 'dojs]
33 thirty-three	**trinta e três**	['trĩta i 'tres]
40 forty	**quarenta**	[kwa'rẽta]
41 forty-one	**quarenta e um**	[kwa'rẽta i 'ũ]
42 forty-two	**quarenta e dois**	[kwa'rẽta i 'dojs]
43 forty-three	**quarenta e três**	[kwa'rẽta i 'tres]
50 fifty	**cinquenta**	[sĩ'kwẽta]
51 fifty-one	**cinquenta e um**	[sĩ'kwẽta i ũ]
52 fifty-two	**cinquenta e dois**	[sĩ'kwẽta i 'dojs]
53 fifty-three	**cinquenta e três**	[sĩ'kwẽta i 'tres]
60 sixty	**sessenta**	[se'sẽta]
61 sixty-one	**sessenta e um**	[se'sẽta i ũ]
62 sixty-two	**sessenta e dois**	[se'sẽta i 'dojs]
63 sixty-three	**sessenta e três**	[se'sẽta i 'tres]
70 seventy	**setenta**	[se'tẽta]
71 seventy-one	**setenta e um**	[se'tẽta i ũ]
72 seventy-two	**setenta e dois**	[se'tẽta i 'dojs]
73 seventy-three	**setenta e três**	[se'tẽta i 'tres]
80 eighty	**oitenta**	[oj'tẽta]
81 eighty-one	**oitenta e um**	[oj'tẽta i 'ũ]
82 eighty-two	**oitenta e dois**	[oj'tẽta i 'dojs]
83 eighty-three	**oitenta e três**	[oj'tẽta i 'tres]
90 ninety	**noventa**	[no'vẽta]
91 ninety-one	**noventa e um**	[no'vẽta i 'ũ]
92 ninety-two	**noventa e dois**	[no'vẽta i 'dojs]
93 ninety-three	**noventa e três**	[no'vẽta i 'tres]

5. Cardinal numbers. Part 2

100 one hundred	**cem**	[sẽ]
200 two hundred	**duzentos**	[du'zẽtus]
300 three hundred	**trezentos**	[tre'zẽtus]

400 four hundred	**quatrocentos**	[kwatro'sẽtus]
500 five hundred	**quinhentos**	[ki'ɲẽtus]
600 six hundred	**seiscentos**	[sej'sẽtus]
700 seven hundred	**setecentos**	[sete'sẽtus]
800 eight hundred	**oitocentos**	[ojtu'sẽtus]
900 nine hundred	**novecentos**	[nove'sẽtus]
1000 one thousand	**mil**	[miw]
2000 two thousand	**dois mil**	['dojs miw]
3000 three thousand	**três mil**	['tres miw]
10000 ten thousand	**dez mil**	['dɛz miw]
one hundred thousand	**cem mil**	[sẽ miw]
million	**um milhão**	[ũ mi'ʎãw]
billion	**um bilhão**	[ũ bi'ʎãw]

6. Ordinal numbers

first (adj)	**primeiro**	[pri'mejru]
second (adj)	**segundo**	[se'gũdu]
third (adj)	**terceiro**	[ter'sejru]
fourth (adj)	**quarto**	['kwartu]
fifth (adj)	**quinto**	['kĩtu]
sixth (adj)	**sexto**	['sestu]
seventh (adj)	**sétimo**	['sɛtʃimu]
eighth (adj)	**oitavo**	[oj'tavu]
ninth (adj)	**nono**	['nonu]
tenth (adj)	**décimo**	['dɛsimu]

7. Numbers. Fractions

fraction	**fração** (f)	[fra'sãw]
one half	**um meio**	[ũ 'meju]
one third	**um terço**	[ũ 'tersu]
one quarter	**um quarto**	[ũ 'kwartu]
one eighth	**um oitavo**	[ũ oj'tavu]
one tenth	**um décimo**	[ũ 'dɛsimu]
two thirds	**dois terços**	['dojs 'tersus]
three quarters	**três quartos**	[tres 'kwartus]

8. Numbers. Basic operations

subtraction	**subtração** (f)	[subtra'sãw]
to subtract (vi, vt)	**subtrair** (vi, vt)	[subtra'ir]

| division | divisão (f) | [dʒivi'zãw] |
| to divide (vt) | dividir (vt) | [dʒivi'dʒir] |

addition	adição (f)	[adʒi'sãw]
to add up (vt)	somar (vt)	[so'mar]
to add (vi, vt)	adicionar (vt)	[adʒisjo'nar]
multiplication	multiplicação (f)	[muwtʃiplika'sãw]
to multiply (vt)	multiplicar (vt)	[muwtʃipli'kar]

9. Numbers. Miscellaneous

digit, figure	algarismo, dígito (m)	[awga'rizmu], ['dʒiʒitu]
number	número (m)	['numeru]
numeral	numeral (m)	[nume'raw]
minus sign	sinal (m) de menos	[si'naw de 'menus]
plus sign	mais (m)	[majs]
formula	fórmula (f)	['fɔrmula]

calculation	cálculo (m)	['kawkulu]
to count (vi, vt)	contar (vt)	[kõ'tar]
to count up	calcular (vt)	[kawku'lar]
to compare (vt)	comparar (vt)	[kõpa'rar]

| How much? | Quanto? | ['kwãtu] |
| How many? | Quantos? -as? | ['kwãtus, -as] |

sum, total	soma (f)	['sɔma]
result	resultado (m)	[hezuw'tadu]
remainder	resto (m)	['hɛstu]

a few (e.g., ~ years ago)	alguns, algumas ...	[aw'gũs], [aw'gumas]
few (I have ~ friends)	poucos, poucas	['pokus], ['pokas]
a little (~ water)	um pouco ...	[ũ 'poku]
the rest	resto (m)	['hɛstu]
one and a half	um e meio	[ũ i 'meju]
dozen	dúzia (f)	['duzja]

in half (adv)	ao meio	[aw 'meju]
equally (evenly)	em partes iguais	[ẽ 'partʃis i'gwais]
half	metade (f)	[me'tadʒi]
time (three ~s)	vez (f)	[vez]

10. The most important verbs. Part 1

to advise (vt)	aconselhar (vt)	[akõse'ʎar]
to agree (say yes)	concordar (vi)	[kõkor'dar]
to answer (vi, vt)	responder (vt)	[hespõ'der]
to apologize (vi)	desculpar-se (vr)	[dʒiskuw'parsi]

English	Portuguese	IPA
to arrive (vi)	chegar (vi)	[ʃe'gar]
to ask (~ oneself)	perguntar (vt)	[pergũ'tar]
to ask (~ sb to do sth)	pedir (vt)	[pe'dʒir]
to be (~ a teacher)	ser (vi)	[ser]
to be (~ on a diet)	estar (vi)	[is'tar]
to be afraid	ter medo	[ter 'medu]
to be hungry	ter fome	[ter 'fomi]
to be interested in …	interessar-se (vr)	[ĩtere'sarsi]
to be needed	ser necessário	[ser nese'sarju]
to be surprised	surpreender-se (vr)	[surprjẽ'dersi]
to be thirsty	ter sede	[ter 'sedʒi]
to begin (vt)	começar (vt)	[kome'sar]
to belong to …	pertencer (vt)	[pertẽ'ser]
to boast (vi)	gabar-se (vr)	[ga'barsi]
to break (split into pieces)	quebrar (vt)	[ke'brar]
to call (~ for help)	chamar (vt)	[ʃa'mar]
can (v aux)	poder (vi)	[po'der]
to catch (vt)	pegar (vt)	[pe'gar]
to change (vt)	mudar (vt)	[mu'dar]
to choose (select)	escolher (vt)	[isko'ʎer]
to come down (the stairs)	descer (vi)	[de'ser]
to compare (vt)	comparar (vt)	[kõpa'rar]
to complain (vi, vt)	queixar-se (vr)	[kej'ʃarsi]
to confuse (mix up)	confundir (vt)	[kõfũ'dʒir]
to continue (vt)	continuar (vt)	[kõtʃi'nwar]
to control (vt)	controlar (vt)	[kõtro'lar]
to cook (dinner)	preparar (vt)	[prepa'rar]
to cost (vt)	custar (vt)	[kus'tar]
to count (add up)	contar (vt)	[kõ'tar]
to count on …	contar com …	[kõ'tar kõ]
to create (vt)	criar (vt)	[krjar]
to cry (weep)	chorar (vi)	[ʃo'rar]

11. The most important verbs. Part 2

English	Portuguese	IPA
to deceive (vi, vt)	enganar (vt)	[ẽga'nar]
to decorate (tree, street)	decorar (vt)	[deko'rar]
to defend (a country, etc.)	defender (vt)	[defẽ'der]
to demand (request firmly)	exigir (vt)	[ezi'ʒir]
to dig (vt)	cavar (vt)	[ka'var]
to discuss (vt)	discutir (vt)	[dʒisku'tʃir]
to do (vt)	fazer (vt)	[fa'zer]
to doubt (have doubts)	duvidar (vt)	[duvi'dar]
to drop (let fall)	deixar cair (vt)	[dej'ʃar ka'ir]

to enter (room, house, etc.)	entrar (vi)	[ẽ'trar]
to excuse (forgive)	desculpar (vt)	[dʒiskuw'par]
to exist (vi)	existir (vi)	[ezis'tʃir]
to expect (foresee)	prever (vt)	[pre'ver]
to explain (vt)	explicar (vt)	[ispli'kar]
to fall (vi)	cair (vi)	[ka'ir]
to find (vt)	encontrar (vt)	[ẽkõ'trar]
to finish (vt)	acabar, terminar (vt)	[aka'bar], [termi'nar]
to fly (vi)	voar (vi)	[vo'ar]
to follow ... (come after)	seguir ...	[se'gir]
to forget (vi, vt)	esquecer (vt)	[iske'ser]
to forgive (vt)	perdoar (vt)	[per'dwar]
to give (vt)	dar (vt)	[dar]
to give a hint	dar uma dica	[dar 'uma 'dʒika]
to go (on foot)	ir (vi)	[ir]
to go for a swim	ir nadar	[ir na'dar]
to go out (for dinner, etc.)	sair (vi)	[sa'ir]
to guess (the answer)	adivinhar (vt)	[adʒivi'ɲar]
to have (vt)	ter (vt)	[ter]
to have breakfast	tomar café da manhã	[to'mar ka'fɛ da ma'ɲã]
to have dinner	jantar (vi)	[ʒã'tar]
to have lunch	almoçar (vi)	[awmo'sar]
to hear (vt)	ouvir (vt)	[o'vir]
to help (vt)	ajudar (vt)	[aʒu'dar]
to hide (vt)	esconder (vt)	[iskõ'der]
to hope (vi, vt)	esperar (vi, vt)	[ispe'rar]
to hunt (vi, vt)	caçar (vi)	[ka'sar]
to hurry (vi)	apressar-se (vr)	[apre'sarsi]

12. The most important verbs. Part 3

to inform (vt)	informar (vt)	[ĩfor'mar]
to insist (vi, vt)	insistir (vi)	[ĩsis'tʃir]
to insult (vt)	insultar (vt)	[ĩsuw'tar]
to invite (vt)	convidar (vt)	[kõvi'dar]
to joke (vi)	brincar (vi)	[brĩ'kar]
to keep (vt)	guardar (vt)	[gwar'dar]
to keep silent, to hush	ficar em silêncio	[fi'kar ẽ si'lẽsju]
to kill (vt)	matar (vt)	[ma'tar]
to know (sb)	conhecer (vt)	[koɲe'ser]
to know (sth)	saber (vt)	[sa'ber]
to laugh (vi)	rir (vi)	[hir]
to liberate (city, etc.)	libertar, liberar (vt)	[liber'tar], [libe'rar]

to like (I like …)	gostar (vt)	[gos'tar]
to look for … (search)	buscar (vt)	[bus'kar]
to love (sb)	amar (vt)	[a'mar]
to make a mistake	errar (vi)	[e'har]

to manage, to run	dirigir (vt)	[dʒiri'ʒir]
to mean (signify)	significar (vt)	[signifi'kar]
to mention (talk about)	mencionar (vt)	[mẽsjo'nar]
to miss (school, etc.)	faltar a …	[faw'tar a]
to notice (see)	perceber (vt)	[perse'ber]

to object (vi, vt)	objetar (vt)	[obʒe'tar]
to observe (see)	observar (vt)	[obser'var]
to open (vt)	abrir (vt)	[a'brir]
to order (meal, etc.)	pedir (vt)	[pe'dʒir]
to order (mil.)	ordenar (vt)	[orde'nar]
to own (possess)	possuir (vt)	[po'swir]

to participate (vi)	participar (vi)	[partʃisi'par]
to pay (vi, vt)	pagar (vt)	[pa'gar]
to permit (vt)	permitir (vt)	[permi'tʃir]
to plan (vt)	planejar (vt)	[plane'ʒar]
to play (children)	brincar, jogar (vi, vt)	[brĩ'kar], [ʒo'gar]

to pray (vi, vt)	rezar, orar (vi)	[he'zar], [o'rar]
to prefer (vt)	preferir (vt)	[prefe'rir]
to promise (vt)	prometer (vt)	[prome'ter]
to pronounce (vt)	pronunciar (vt)	[pronũ'sjar]
to propose (vt)	propor (vt)	[pro'por]
to punish (vt)	punir (vt)	[pu'nir]

13. The most important verbs. Part 4

to read (vi, vt)	ler (vt)	[ler]
to recommend (vt)	recomendar (vt)	[hekomẽ'dar]
to refuse (vi, vt)	negar-se (vt)	[ne'garsi]
to regret (be sorry)	arrepender-se (vr)	[ahepẽ'dersi]
to rent (sth from sb)	alugar (vt)	[alu'gar]

to repeat (say again)	repetir (vt)	[hepe'tʃir]
to reserve, to book	reservar (vt)	[hezer'var]
to run (vi)	correr (vi)	[ko'her]
to save (rescue)	salvar (vt)	[saw'var]
to say (~ thank you)	dizer (vt)	[dʒi'zer]

to scold (vt)	ralhar, repreender (vt)	[ha'ʎar], [heprjẽ'der]
to see (vt)	ver (vt)	[ver]
to sell (vt)	vender (vt)	[vẽ'der]
to send (vt)	enviar (vt)	[ẽ'vjar]
to shoot (vi)	disparar, atirar (vi)	[dʒispa'rar], [atʃi'rar]

English	Portuguese	IPA
to shout (vi)	gritar (vi)	[gri'tar]
to show (vt)	mostrar (vt)	[mos'trar]
to sign (document)	assinar (vt)	[asi'nar]
to sit down (vi)	sentar-se (vr)	[sẽ'tarsi]
to smile (vi)	sorrir (vi)	[so'hir]
to speak (vi, vt)	falar (vi)	[fa'lar]
to steal (money, etc.)	roubar (vt)	[ho'bar]
to stop (for pause, etc.)	parar (vi)	[pa'rar]
to stop (please ~ calling me)	cessar (vt)	[se'sar]
to study (vt)	estudar (vt)	[istu'dar]
to swim (vi)	nadar (vi)	[na'dar]
to take (vt)	pegar (vt)	[pe'gar]
to think (vi, vt)	pensar (vi, vt)	[pẽ'sar]
to threaten (vt)	ameaçar (vt)	[amea'sar]
to touch (with hands)	tocar (vt)	[to'kar]
to translate (vt)	traduzir (vt)	[tradu'zir]
to trust (vt)	confiar (vt)	[kõ'fjar]
to try (attempt)	tentar (vt)	[tẽ'tar]
to turn (e.g., ~ left)	virar (vi)	[vi'rar]
to underestimate (vt)	subestimar (vt)	[subestʃi'mar]
to understand (vt)	entender (vt)	[ẽtẽ'der]
to unite (vt)	unir (vt)	[u'nir]
to wait (vt)	esperar (vt)	[ispe'rar]
to want (wish, desire)	querer (vt)	[ke'rer]
to warn (vt)	advertir (vt)	[adʒiver'tʃir]
to work (vi)	trabalhar (vi)	[traba'ʎar]
to write (vt)	escrever (vt)	[iskre'ver]
to write down	anotar (vt)	[ano'tar]

14. Colors

English	Portuguese	IPA
color	cor (f)	[kɔr]
shade (tint)	tom (m)	[tõ]
hue	tonalidade (m)	[tonali'dadʒi]
rainbow	arco-íris (m)	['arku 'iris]
white (adj)	branco	['brãku]
black (adj)	preto	['pretu]
gray (adj)	cinza	['sĩza]
green (adj)	verde	['verdʒi]
yellow (adj)	amarelo	[ama'rɛlu]
red (adj)	vermelho	[ver'meʎu]
blue (adj)	azul	[a'zuw]

light blue (adj)	azul claro	[a'zuw 'klaru]
pink (adj)	rosa	['hɔza]
orange (adj)	laranja	[la'rãʒa]
violet (adj)	violeta	[vjo'leta]
brown (adj)	marrom	[ma'hõ]

| golden (adj) | dourado | [do'radu] |
| silvery (adj) | prateado | [pra'tʃjadu] |

beige (adj)	bege	['bɛʒi]
cream (adj)	creme	['krɛmi]
turquoise (adj)	turquesa	[tur'keza]
cherry red (adj)	vermelho cereja	[ver'meʎu se'reʒa]
lilac (adj)	lilás	[li'las]
crimson (adj)	carmim	[kah'mĩ]

light (adj)	claro	['klaru]
dark (adj)	escuro	[is'kuru]
bright, vivid (adj)	vivo	['vivu]

colored (pencils)	de cor	[de kɔr]
color (e.g., ~ film)	a cores	[a 'kores]
black-and-white (adj)	preto e branco	['pretu i 'brãku]
plain (one-colored)	de uma só cor	[de 'uma sɔ kɔr]
multicolored (adj)	multicolor	[muwtʃiko'lor]

15. Questions

Who?	Quem?	[kẽj]
What?	O que?	[u ki]
Where? (at, in)	Onde?	['õdʒi]
Where (to)?	Para onde?	['para 'õdʒi]
From where?	De onde?	[de 'õdʒi]
When?	Quando?	['kwãdu]
Why? (What for?)	Para quê?	['para ke]
Why? (~ are you crying?)	Por quê?	[por 'ke]

What for?	Para quê?	['para ke]
How? (in what way)	Como?	['kɔmu]
What? (What kind of ...?)	Qual?	[kwaw]
Which?	Qual?	[kwaw]

To whom?	A quem?	[a kẽj]
About whom?	De quem?	[de kẽj]
About what?	Do quê?	[du ke]
With whom?	Com quem?	[kõ kẽj]

How many?	Quantos? -as?	['kwãtus, -as]
How much?	Quanto?	['kwãtu]
Whose?	De quem?	[de kẽj]

16. Prepositions

with (accompanied by)	com	[kõ]
without	sem	[sẽ]
to (indicating direction)	a ..., para ...	[a], ['para]
about (talking ~ ...)	sobre ...	['sobri]
before (in time)	antes de ...	['ãtʃis de]
in front of ...	em frente de ...	[ẽ 'frẽtʃi de]
under (beneath, below)	debaixo de ...	[de'baɪʃu de]
above (over)	sobre ..., em cima de ...	['sobri], [ẽ 'sima de]
on (atop)	em ..., sobre ...	[ẽ], ['sobri]
from (off, out of)	de ...	[de]
of (made from)	de ...	[de]
in (e.g., ~ ten minutes)	em ...	[ẽ]
over (across the top of)	por cima de ...	[por 'sima de]

17. Function words. Adverbs. Part 1

Where? (at, in)	Onde?	['õdʒi]
here (adv)	aqui	[a'ki]
there (adv)	lá, ali	[la], [a'li]
somewhere (to be)	em algum lugar	[ẽ aw'gũ lu'gar]
nowhere (not in any place)	em lugar nenhum	[ẽ lu'gar ne'ɲũ]
by (near, beside)	perto de ...	['pɛrtu de]
by the window	perto da janela	['pɛrtu da ʒa'nɛla]
Where (to)?	Para onde?	['para 'õdʒi]
here (e.g., come ~!)	aqui	[a'ki]
there (e.g., to go ~)	para lá	['para la]
from here (adv)	daqui	[da'ki]
from there (adv)	de lá, dali	[de la], [da'li]
close (adv)	perto	['pɛrtu]
far (adv)	longe	['lõʒi]
near (e.g., ~ Paris)	perto de ...	['pɛrtu de]
nearby (adv)	à mão, perto	[a mãw], ['pɛrtu]
not far (adv)	não fica longe	['nãw 'fika 'lõʒi]
left (adj)	esquerdo	[is'kerdu]
on the left	à esquerda	[a is'kerda]
to the left	para a esquerda	['para a is'kerda]
right (adj)	direito	[dʒi'rejtu]
on the right	à direita	[a dʒi'rejta]

English	Portuguese	Pronunciation
to the right	para a direita	['para a dʒi'rejta]
in front (adv)	em frente	[ẽ 'frẽtʃi]
front (as adj)	da frente	[da 'frẽtʃi]
ahead (the kids ran ~)	adiante	[a'dʒjãtʃi]
behind (adv)	atrás de ...	[a'trajs de]
from behind	de trás	[de trajs]
back (towards the rear)	para trás	['para trajs]
middle	meio (m), metade (f)	['meju], [me'tadʒi]
in the middle	no meio	[nu 'meju]
at the side	do lado	[du 'ladu]
everywhere (adv)	em todo lugar	[ẽ 'todu lu'gar]
around (in all directions)	por todos os lados	[por 'todus os 'ladus]
from inside	de dentro	[de 'dẽtru]
somewhere (to go)	para algum lugar	['para aw'gũ lu'gar]
straight (directly)	diretamente	[dʒireta'mẽtʃi]
back (e.g., come ~)	de volta	[de 'vɔwta]
from anywhere	de algum lugar	[de aw'gũ lu'gar]
from somewhere	de algum lugar	[de aw'gũ lu'gar]
firstly (adv)	em primeiro lugar	[ẽ pri'mejru lu'gar]
secondly (adv)	em segundo lugar	[ẽ se'gũdu lu'gar]
thirdly (adv)	em terceiro lugar	[ẽ ter'sejru lu'gar]
suddenly (adv)	de repente	[de he'pẽtʃi]
at first (in the beginning)	no início	[nu i'nisju]
for the first time	pela primeira vez	['pɛla pri'mejra 'vez]
long before ...	muito antes de ...	['mwĩtu 'ãtʃis de]
anew (over again)	de novo	[de 'novu]
for good (adv)	para sempre	['para 'sẽpri]
never (adv)	nunca	['nũka]
again (adv)	de novo	[de 'novu]
now (at present)	agora	[a'gɔra]
often (adv)	frequentemente	[frekwẽtʃi'mẽtʃi]
then (adv)	então	[ẽ'tãw]
urgently (quickly)	urgentemente	[urʒẽte'mẽtʃi]
usually (adv)	normalmente	[nɔrmaw'mẽtʃi]
by the way, ...	a propósito, ...	[a pro'pɔzitu]
possibly	é possível	[ɛ po'sivew]
probably (adv)	provavelmente	[provavɛw'mẽtʃi]
maybe (adv)	talvez	[taw'vez]
besides ...	além disso, ...	[a'lẽj 'dʒisu]
that's why ...	por isso ...	[por 'isu]
in spite of ...	apesar de ...	[ape'zar de]
thanks to ...	graças a ...	['grasas a]
what (pron.)	que	[ki]

that (conj.)	que	[ki]
something	algo	[awgu]
anything (something)	alguma coisa	[aw'guma 'kojza]
nothing	nada	['nada]

who (pron.)	quem	[kẽj]
someone	alguém	[aw'gẽj]
somebody	alguém	[aw'gẽj]

nobody	ninguém	[nĩ'gẽj]
nowhere (a voyage to ~)	para lugar nenhum	['para lu'gar ne'ɲũ]
nobody's	de ninguém	[de nĩ'gẽj]
somebody's	de alguém	[de aw'gẽj]

so (I'm ~ glad)	tão	[tãw]
also (as well)	também	[tã'bẽj]
too (as well)	também	[tã'bẽj]

18. Function words. Adverbs. Part 2

Why?	Por quê?	[por 'ke]
for some reason	por alguma razão	[por aw'guma ha'zãw]
because ...	porque ...	[por'ke]
for some purpose	por qualquer razão	[por kwaw'ker ha'zãw]

and	e	[i]
or	ou	['o]
but	mas	[mas]
for (e.g., ~ me)	para	['para]

too (~ many people)	muito, demais	['mwĩtu], [dʒi'majs]
only (exclusively)	só, somente	[sɔ], [sɔ'mẽtʃi]
exactly (adv)	exatamente	[ɛzata'mẽtʃi]
about (more or less)	cerca de ...	['serka de]

approximately (adv)	aproximadamente	[aprosimada'mẽti]
approximate (adj)	aproximado	[aprosi'madu]
almost (adv)	quase	['kwazi]
the rest	resto (m)	['hɛstu]

the other (second)	o outro	[u 'otru]
other (different)	outro	['otru]
each (adj)	cada	['kada]
any (no matter which)	qualquer	[kwaw'ker]
many (adj)	muitos, muitas	['mwĩtos], ['mwĩtas]
much (adv)	muito	['mwĩtu]
many people	muitas pessoas	['mwĩtas pe'soas]
all (everyone)	todos	['todus]
in return for ...	em troca de ...	[ẽ 'trɔka de]
in exchange (adv)	em troca	[ẽ 'trɔka]

| by hand (made) | à mão | [a mãw] |
| hardly (negative opinion) | pouco provável | ['poku pro'vavew] |

probably (adv)	provavelmente	[provavɛw'mẽtʃi]
on purpose (intentionally)	de propósito	[de pro'pɔzitu]
by accident (adv)	por acidente	[por asi'dẽtʃi]

very (adv)	muito	['mwĩtu]
for example (adv)	por exemplo	[por e'zẽplu]
between	entre	['ẽtri]
among	entre, no meio de ...	['ẽtri], [nu 'meju de]
so much (such a lot)	tanto	['tãtu]
especially (adv)	especialmente	[ispesjal'mẽte]

Basic concepts. Part 2

19. Weekdays

Monday	segunda-feira (f)	[se'gũda-'fejra]
Tuesday	terça-feira (f)	['tersa 'fejra]
Wednesday	quarta-feira (f)	['kwarta-'fejra]
Thursday	quinta-feira (f)	['kĩta-'fejra]
Friday	sexta-feira (f)	['sesta-'fejra]
Saturday	sábado (m)	['sabadu]
Sunday	domingo (m)	[do'mĩgu]
today (adv)	hoje	['oʒi]
tomorrow (adv)	amanhã	[ama'ɲã]
the day after tomorrow	depois de amanhã	[de'pojs de ama'ɲã]
yesterday (adv)	ontem	['õtẽ]
the day before yesterday	anteontem	[ãtʃi'õtẽ]
day	dia (m)	['dʒia]
working day	dia (m) de trabalho	['dʒia de tra'baʎu]
public holiday	feriado (m)	[fe'rjadu]
day off	dia (m) de folga	['dʒia de 'fowga]
weekend	fim (m) de semana	[fĩ de se'mana]
all day long	o dia todo	[u 'dʒia 'todu]
the next day (adv)	no dia seguinte	[nu 'dʒia se'gĩtʃi]
two days ago	há dois dias	[a 'dojs 'dʒias]
the day before	na véspera	[na 'vɛspera]
daily (adj)	diário	['dʒjarju]
every day (adv)	todos os dias	['todus us 'dʒias]
week	semana (f)	[se'mana]
last week (adv)	na semana passada	[na se'mana pa'sada]
next week (adv)	semana que vem	[se'mana ke vẽj]
weekly (adj)	semanal	[sema'naw]
every week (adv)	toda semana	['tɔda se'mana]
twice a week	duas vezes por semana	['duas 'vezis por se'mana]
every Tuesday	toda terça-feira	['tɔda tersa 'fejra]

20. Hours. Day and night

morning	manhã (f)	[ma'ɲã]
in the morning	de manhã	[de ma'ɲã]
noon, midday	meio-dia (m)	['meju 'dʒia]

English	Portuguese	Pronunciation
in the afternoon	à tarde	[a 'tardʒi]
evening	tardinha (f)	[tar'dʒiɲa]
in the evening	à tardinha	[a tar'dʒiɲa]
night	noite (f)	['nojtʃi]
at night	à noite	[a 'nojtʃi]
midnight	meia-noite (f)	['meja 'nojtʃi]
second	segundo (m)	[se'gũdu]
minute	minuto (m)	[mi'nutu]
hour	hora (f)	['ɔra]
half an hour	meia hora (f)	['meja 'ɔra]
a quarter-hour	quarto (m) de hora	['kwartu de 'ɔra]
fifteen minutes	quinze minutos	['kĩzi mi'nutus]
24 hours	vinte e quatro horas	['vĩtʃi i 'kwatru 'ɔras]
sunrise	nascer (m) do sol	[na'ser du sɔw]
dawn	amanhecer (m)	[amaɲe'ser]
early morning	madrugada (f)	[madru'gada]
sunset	pôr-do-sol (m)	[por du 'sɔw]
early in the morning	de madrugada	[de madru'gada]
this morning	esta manhã	['ɛsta ma'ɲã]
tomorrow morning	amanhã de manhã	[ama'ɲã de ma'ɲã]
this afternoon	esta tarde	['ɛsta 'tardʒi]
in the afternoon	à tarde	[a 'tardʒi]
tomorrow afternoon	amanhã à tarde	[ama'ɲã a 'tardʒi]
tonight (this evening)	esta noite, hoje à noite	['ɛsta 'nojtʃi], ['oʒi a 'nojtʃi]
tomorrow night	amanhã à noite	[ama'ɲã a 'nojtʃi]
at 3 o'clock sharp	às três horas em ponto	[as tres 'ɔras ẽ 'põtu]
about 4 o'clock	por volta das quatro	[por 'vɔwta das 'kwatru]
by 12 o'clock	às doze	[as 'dozi]
in 20 minutes	em vinte minutos	[ẽ 'vĩtʃi mi'nutus]
in an hour	em uma hora	[ẽ 'uma 'ɔra]
on time (adv)	a tempo	[a 'tẽpu]
a quarter to ...	... um quarto para	[... ũ 'kwartu 'para]
within an hour	dentro de uma hora	['dẽtru de 'uma 'ɔra]
every 15 minutes	a cada quinze minutos	[a 'kada 'kĩzi mi'nutus]
round the clock	as vinte e quatro horas	[as 'vĩtʃi i 'kwatru 'ɔras]

21. Months. Seasons

English	Portuguese	Pronunciation
January	janeiro (m)	[ʒa'nejru]
February	fevereiro (m)	[feve'rejru]
March	março (m)	['marsu]
April	abril (m)	[a'briw]

English	Portuguese	Pronunciation
May	maio (m)	['maju]
June	junho (m)	['ʒuɲu]
July	julho (m)	['ʒuʎu]
August	agosto (m)	[a'gostu]
September	setembro (m)	[se'tẽbru]
October	outubro (m)	[o'tubru]
November	novembro (m)	[no'vẽbru]
December	dezembro (m)	[de'zẽbru]
spring	primavera (f)	[prima'vɛra]
in spring	na primavera	[na prima'vɛra]
spring (as adj)	primaveril	[primave'riw]
summer	verão (m)	[ve'rãw]
in summer	no verão	[nu ve'rãw]
summer (as adj)	de verão	[de ve'rãw]
fall	outono (m)	[o'tɔnu]
in fall	no outono	[nu o'tɔnu]
fall (as adj)	outonal	[oto'naw]
winter	inverno (m)	[ĩ'vɛrnu]
in winter	no inverno	[nu ĩ'vɛrnu]
winter (as adj)	de inverno	[de ĩ'vɛrnu]
month	mês (m)	[mes]
this month	este mês	['estʃi mes]
next month	mês que vem	['mes ki vẽj]
last month	no mês passado	[no mes pa'sadu]
a month ago	um mês atrás	[ũ 'mes a'trajs]
in a month (a month later)	em um mês	[ẽ ũ mes]
in 2 months (2 months later)	em dois meses	[ẽ dojs 'mezis]
the whole month	todo o mês	['todu u mes]
all month long	um mês inteiro	[ũ mes ĩ'tejru]
monthly (~ magazine)	mensal	[mẽ'saw]
monthly (adv)	mensalmente	[mẽsaw'mẽtʃi]
every month	todo mês	['todu 'mes]
twice a month	duas vezes por mês	['duas 'vezis por mes]
year	ano (m)	['anu]
this year	este ano	['estʃi 'anu]
next year	ano que vem	['anu ki vẽj]
last year	no ano passado	[nu 'anu pa'sadu]
a year ago	há um ano	[a ũ 'anu]
in a year	em um ano	[ẽ ũ 'anu]
in two years	dentro de dois anos	['dẽtru de 'dojs 'anus]
the whole year	todo o ano	['todu u 'anu]

all year long	um ano inteiro	[ũ 'anu ĩ'tejru]
every year	cada ano	['kada 'anu]
annual (adj)	anual	[a'nwaw]
annually (adv)	anualmente	[anwaw'mẽte]
4 times a year	quatro vezes por ano	['kwatru 'vezis por 'anu]
date (e.g., today's ~)	data (f)	['data]
date (e.g., ~ of birth)	data (f)	['data]
calendar	calendário (m)	[kalẽ'darju]
half a year	meio ano	['meju 'anu]
six months	seis meses	[sejs 'mezis]
season (summer, etc.)	estação (f)	[ista'sãw]
century	século (m)	['sɛkulu]

22. Units of measurement

weight	peso (m)	['pezu]
length	comprimento (m)	[kõpri'mẽtu]
width	largura (f)	[lar'gura]
height	altura (f)	[aw'tura]
depth	profundidade (f)	[profũdʒi'dadʒi]
volume	volume (m)	[vo'lumi]
area	área (f)	['arja]
gram	grama (m)	['grama]
milligram	miligrama (m)	[mili'grama]
kilogram	quilograma (m)	[kilo'grama]
ton	tonelada (f)	[tune'lada]
pound	libra (f)	['libra]
ounce	onça (f)	['õsa]
meter	metro (m)	['mɛtru]
millimeter	milímetro (m)	[mi'limetru]
centimeter	centímetro (m)	[sẽ'tʃimetru]
kilometer	quilômetro (m)	[ki'lometru]
mile	milha (f)	['miʎa]
inch	polegada (f)	[pole'gada]
foot	pé (m)	[pɛ]
yard	jarda (f)	['ʒarda]
square meter	metro (m) quadrado	['mɛtru kwa'dradu]
hectare	hectare (m)	[ek'tari]
liter	litro (m)	['litru]
degree	grau (m)	[graw]
volt	volt (m)	['vɔwtʃi]
ampere	ampère (m)	[ã'pɛri]
horsepower	cavalo (m) de potência	[ka'valu de po'tẽsja]

quantity	quantidade (f)	[kwãtʃi'dadʒi]
a little bit of ...	um pouco de ...	[ũ 'poku de]
half	metade (f)	[me'tadʒi]
dozen	dúzia (f)	['duzja]
piece (item)	peça (f)	['pɛsa]
size	tamanho (m), dimensão (f)	[ta'maɲu], [dʒimẽ'sãw]
scale (map ~)	escala (f)	[is'kala]
minimal (adj)	mínimo	['minimu]
the smallest (adj)	menor, mais pequeno	[me'nɔr], [majs pe'kenu]
medium (adj)	médio	['mɛdʒju]
maximal (adj)	máximo	['masimu]
the largest (adj)	maior, mais grande	[ma'jɔr], [majs 'grãdʒi]

23. Containers

canning jar (glass ~)	pote (m) de vidro	['pɔtʃi de 'vidru]
can	lata (f)	['lata]
bucket	balde (m)	['bawdʒi]
barrel	barril (m)	[ba'hiw]
wash basin (e.g., plastic ~)	bacia (f)	[ba'sia]
tank (100L water ~)	tanque (m)	['tãki]
hip flask	cantil (m) de bolso	[kã'tʃiw dʒi 'bowsu]
jerrycan	galão (m) de gasolina	[ga'lãw de gazo'lina]
tank (e.g., tank car)	cisterna (f)	[sis'tɛrna]
mug	caneca (f)	[ka'nɛka]
cup (of coffee, etc.)	xícara (f)	['ʃikara]
saucer	pires (m)	['piris]
glass (tumbler)	copo (m)	['kɔpu]
wine glass	taça (f) de vinho	['tasa de 'viɲu]
stock pot (soup pot)	panela (f)	[pa'nɛla]
bottle (~ of wine)	garrafa (f)	[ga'hafa]
neck (of the bottle, etc.)	gargalo (m)	[gar'galu]
carafe (decanter)	jarra (f)	['ʒaha]
pitcher	jarro (m)	['ʒahu]
vessel (container)	recipiente (m)	[hesi'pjẽtʃi]
pot (crock, stoneware ~)	pote (m)	['pɔtʃi]
vase	vaso (m)	['vazu]
flacon, bottle (perfume ~)	frasco (m)	['frasku]
vial, small bottle	frasquinho (m)	[fras'kiɲu]
tube (of toothpaste)	tubo (m)	['tubu]
sack (bag)	saco (m)	['saku]
bag (paper ~, plastic ~)	sacola (f)	[sa'kɔla]

pack (of cigarettes, etc.)	**maço** (m)	['masu]
box (e.g., shoebox)	**caixa** (f)	['kaɪʃa]
crate	**caixote** (m)	[kaj'ʃɔtʃi]
basket	**cesto** (m)	['sestu]

HUMAN BEING

Human being. The body

24. Head

head	cabeça (f)	[ka'besa]
face	rosto, cara (f)	['hostu], ['kara]
nose	nariz (m)	[na'riz]
mouth	boca (f)	['boka]
eye	olho (m)	['oʎu]
eyes	olhos (m pl)	['oʎus]
pupil	pupila (f)	[pu'pila]
eyebrow	sobrancelha (f)	[sobrã'seʎa]
eyelash	cílio (f)	['silju]
eyelid	pálpebra (f)	['pawpebra]
tongue	língua (f)	['lĩgwa]
tooth	dente (m)	['dẽtʃi]
lips	lábios (m pl)	['labjus]
cheekbones	maçãs (f pl) do rosto	[ma'sãs du 'hostu]
gum	gengiva (f)	[ʒẽ'ʒiva]
palate	palato (m)	[pa'latu]
nostrils	narinas (f pl)	[na'rinas]
chin	queixo (m)	['kejʃu]
jaw	mandíbula (f)	[mã'dʒibula]
cheek	bochecha (f)	[bo'ʃeʃa]
forehead	testa (f)	['tɛsta]
temple	têmpora (f)	['tẽpora]
ear	orelha (f)	[o'reʎa]
back of the head	costas (f pl) da cabeça	['kɔstas da ka'besa]
neck	pescoço (m)	[pes'kosu]
throat	garganta (f)	[gar'gãta]
hair	cabelo (m)	[ka'belu]
hairstyle	penteado (m)	[pẽ'tʃjadu]
haircut	corte (m) de cabelo	['kɔrtʃi de ka'belu]
wig	peruca (f)	[pe'ruka]
mustache	bigode (m)	[bi'gɔdʒi]
beard	barba (f)	['barba]
to have (a beard, etc.)	ter (vt)	[ter]

| braid | trança (f) | ['trãsa] |
| sideburns | suíças (f pl) | ['swisas] |

red-haired (adj)	ruivo	['hwivu]
gray (hair)	grisalho	[gri'zaʎu]
bald (adj)	careca	[ka'rɛka]
bald patch	calva (f)	['kawvu]

| ponytail | rabo-de-cavalo (m) | ['habu-de-ka'valu] |
| bangs | franja (f) | ['frãʒa] |

25. Human body

| hand | mão (f) | [mãw] |
| arm | braço (m) | ['brasu] |

finger	dedo (m)	['dedu]
toe	dedo (m) do pé	['dedu du pɛ]
thumb	polegar (m)	[pole'gar]
little finger	dedo (m) mindinho	['dedu mĩ'dʒiɲu]
nail	unha (f)	['uɲa]

fist	punho (m)	['puɲu]
palm	palma (f)	['pawma]
wrist	pulso (m)	['puwsu]
forearm	antebraço (m)	[ãtʃi'brasu]
elbow	cotovelo (m)	[koto'velu]
shoulder	ombro (m)	['õbru]

leg	perna (f)	['pɛrna]
foot	pé (m)	[pɛ]
knee	joelho (m)	[ʒo'eʎu]
calf (part of leg)	panturrilha (f)	[pãtu'hiʎa]
hip	quadril (m)	[kwa'driw]
heel	calcanhar (m)	[kawka'ɲar]

body	corpo (m)	['korpu]
stomach	barriga (f), ventre (m)	[ba'higa], ['vẽtri]
chest	peito (m)	['pejtu]
breast	seio (m)	['seju]
flank	lado (m)	['ladu]
back	costas (f pl)	['kɔstas]
lower back	região (f) lombar	[he'ʒjãw lõ'bar]
waist	cintura (f)	[sĩ'tura]
navel (belly button)	umbigo (m)	[ũ'bigu]
buttocks	nádegas (f pl)	['nadegas]
bottom	traseiro (m)	[tra'zejru]
beauty mark	sinal (m), pinta (f)	[si'naw], ['pĩta]
birthmark (café au lait spot)	sinal (m) de nascença	[si'naw de na'sẽsa]

| tattoo | **tatuagem** (f) | [ta'twaʒẽ] |
| scar | **cicatriz** (f) | [sika'triz] |

Clothing & Accessories

26. Outerwear. Coats

clothes	**roupa** (f)	['hopa]
outerwear	**roupa** (f) **exterior**	['hopa iste'rjor]
winter clothing	**roupa** (f) **de inverno**	['hopa de ĩ'vɛrnu]
coat (overcoat)	**sobretudo** (m)	[sobri'tudu]
fur coat	**casaco** (m) **de pele**	[kaz'aku de 'pɛli]
fur jacket	**jaqueta** (f) **de pele**	[ʒa'keta de 'pɛli]
down coat	**casaco** (m) **acolchoado**	[ka'zaku akow'ʃwadu]
jacket (e.g., leather ~)	**casaco** (m), **jaqueta** (f)	[kaz'aku], [ʒa'keta]
raincoat (trenchcoat, etc.)	**impermeável** (m)	[ĩper'mjavew]
waterproof (adj)	**a prova d'água**	[a 'prɔva 'dagwa]

27. Men's & women's clothing

shirt (button shirt)	**camisa** (f)	[ka'miza]
pants	**calça** (f)	['kawsa]
jeans	**jeans** (m)	['dʒins]
suit jacket	**paletó, terno** (m)	[pale'tɔ], ['tɛrnu]
suit	**terno** (m)	['tɛrnu]
dress (frock)	**vestido** (m)	[ves'tʃidu]
skirt	**saia** (f)	['saja]
blouse	**blusa** (f)	['bluza]
knitted jacket (cardigan, etc.)	**casaco** (m) **de malha**	[ka'zaku de 'maʎa]
jacket (of woman's suit)	**casaco, blazer** (m)	[ka'zaku], ['blejzer]
T-shirt	**camiseta** (f)	[kami'zɛta]
shorts (short trousers)	**short** (m)	['ʃortʃi]
tracksuit	**training** (m)	['trejnĩŋ]
bathrobe	**roupão** (m) **de banho**	[ho'pãw de 'baɲu]
pajamas	**pijama** (m)	[pi'ʒama]
sweater	**suéter** (m)	['swɛter]
pullover	**pulôver** (m)	[pu'lover]
vest	**colete** (m)	[ko'letʃi]
tailcoat	**fraque** (m)	['fraki]
tuxedo	**smoking** (m)	[iz'mokĩs]

English	Portuguese	Pronunciation
uniform	**uniforme** (m)	[uni'fɔrmi]
workwear	**roupa** (f) **de trabalho**	['hopa de tra'baʎu]
overalls	**macacão** (m)	[maka'kãws]
coat (e.g., doctor's smock)	**jaleco** (m), **bata** (f)	[ʒa'lɛku], ['bata]

28. Clothing. Underwear

underwear	**roupa** (f) **íntima**	['hopa 'ĩtʃima]
boxers, briefs	**cueca boxer** (f)	['kwɛka 'bɔkser]
panties	**calcinha** (f)	[kaw'siɲa]
undershirt (A-shirt)	**camiseta** (f)	[kami'zɛta]
socks	**meias** (f pl)	['mejas]
nightdress	**camisola** (f)	[kami'zɔla]
bra	**sutiã** (m)	[su'tʃjã]
knee highs (knee-high socks)	**meias longas** (f pl)	['mejas 'lõgas]
pantyhose	**meias-calças** (f pl)	['mejas 'kalsas]
stockings (thigh highs)	**meias** (f pl)	['mejas]
bathing suit	**maiô** (m)	[ma'jo]

29. Headwear

English	Portuguese	Pronunciation
hat	**chapéu** (m), **touca** (f)	[ʃa'pɛw], ['toka]
fedora	**chapéu** (m) **de feltro**	[ʃa'pɛw de 'fewtru]
baseball cap	**boné** (m) **de beisebol**	[bo'nɛ de bejsi'bɔw]
flatcap	**boina** (f)	['bojna]
beret	**boina** (f) **francesa**	['bojna frã'seza]
hood	**capuz** (m)	[ka'puz]
panama hat	**chapéu panamá** (m)	[ʃa'pɛw pana'ma]
knit cap (knitted hat)	**touca** (f)	['toka]
headscarf	**lenço** (m)	['lẽsu]
women's hat	**chapéu** (m) **feminino**	[ʃa'pɛw femi'ninu]
hard hat	**capacete** (m)	[kapa'setʃi]
garrison cap	**bibico** (m)	[bi'biko]
helmet	**capacete** (m)	[kapa'setʃi]
derby	**chapéu-coco** (m)	[ʃa'pɛw 'koku]
top hat	**cartola** (f)	[kar'tɔla]

30. Footwear

English	Portuguese	Pronunciation
footwear	**calçado** (m)	[kaw'sadu]
shoes (men's shoes)	**botinas** (f pl), **sapatos** (m pl)	[bo'tʃinas], [sapa'tõjs]

shoes (women's shoes)	sapatos (m pl)	[sa'patus]
boots (e.g., cowboy ~)	botas (f pl)	['bɔtas]
slippers	pantufas (f pl)	[pã'tufas]
tennis shoes (e.g., Nike ~)	tênis (m pl)	['tenis]
sneakers (e.g., Converse ~)	tênis (m pl)	['tenis]
sandals	sandálias (f pl)	[sã'dalias]
cobbler (shoe repairer)	sapateiro (m)	[sapa'tejru]
heel	salto (m)	['sawtu]
pair (of shoes)	par (m)	[par]
shoestring	cadarço (m)	[ka'darsu]
to lace (vt)	amarrar os cadarços	[ama'har us ka'darsus]
shoehorn	calçadeira (f)	[kawsa'dejra]
shoe polish	graxa (f) para calçado	['graʃa 'para kaw'sadu]

31. Personal accessories

gloves	luva (f)	['luva]
mittens	mitenes (f pl)	[mi'tɛnes]
scarf (muffler)	cachecol (m)	[kaʃe'kɔw]
glasses (eyeglasses)	óculos (m pl)	['ɔkulus]
frame (eyeglass ~)	armação (f)	[arma'sãw]
umbrella	guarda-chuva (m)	['gwarda 'ʃuva]
walking stick	bengala (f)	[bẽ'gala]
hairbrush	escova (f) para o cabelo	[is'kova 'para u ka'belu]
fan	leque (m)	['lɛki]
tie (necktie)	gravata (f)	[gra'vata]
bow tie	gravata-borboleta (f)	[gra'vata borbo'leta]
suspenders	suspensórios (m pl)	[suspẽ'sɔrjus]
handkerchief	lenço (m)	['lẽsu]
comb	pente (m)	['pẽtʃi]
barrette	fivela (f) para cabelo	[fi'vɛla 'para ka'belu]
hairpin	grampo (m)	['grãpu]
buckle	fivela (f)	[fi'vɛla]
belt	cinto (m)	['sĩtu]
shoulder strap	alça (f) de ombro	['awsa de 'õbru]
bag (handbag)	bolsa (f)	['bowsa]
purse	bolsa, carteira (f)	['bowsa], [kar'tejra]
backpack	mochila (f)	[mo'ʃila]

32. Clothing. Miscellaneous

fashion	moda (f)	['mɔda]
in vogue (adj)	na moda	[na 'mɔda]
fashion designer	estilista (m)	[istʃi'lista]
collar	colarinho (m)	[kola'riɲu]
pocket	bolso (m)	['bowsu]
pocket (as adj)	de bolso	[de 'bowsu]
sleeve	manga (f)	['mãga]
hanging loop	ganchinho (m)	[gã'ʃiɲu]
fly (on trousers)	bragueta (f)	[bra'gwetʃi]
zipper (fastener)	zíper (m)	['ziper]
fastener	colchete (m)	[kow'ʃetʃi]
button	botão (m)	[bo'tãw]
buttonhole	botoeira (f)	[bo'twejra]
to come off (ab. button)	soltar-se (vr)	[sow'tarsi]
to sew (vi, vt)	costurar (vi)	[kostu'rar]
to embroider (vi, vt)	bordar (vt)	[bor'dar]
embroidery	bordado (m)	[bor'dadu]
sewing needle	agulha (f)	[a'guʎa]
thread	fio, linha (f)	['fiu], ['liɲa]
seam	costura (f)	[kos'tura]
to get dirty (vi)	sujar-se (vr)	[su'ʒarsi]
stain (mark, spot)	mancha (f)	['mãʃa]
to crease, crumple (vi)	amarrotar-se (vr)	[amaho'tarse]
to tear, to rip (vt)	rasgar (vt)	[haz'gar]
clothes moth	traça (f)	['trasa]

33. Personal care. Cosmetics

toothpaste	pasta (f) de dente	['pasta de 'dẽtʃi]
toothbrush	escova (f) de dente	[is'kova de 'dẽtʃi]
to brush one's teeth	escovar os dentes	[isko'var us 'dẽtʃis]
razor	gilete (f)	[ʒi'lɛtʃi]
shaving cream	creme (m) de barbear	['krɛmi de bar'bjar]
to shave (vi)	barbear-se (vr)	[bar'bjarsi]
soap	sabonete (m)	[sabo'netʃi]
shampoo	xampu (m)	[ʃã'pu]
scissors	tesoura (f)	[te'zora]
nail file	lixa (f) de unhas	['liʃa de 'uɲas]
nail clippers	corta-unhas (m)	['kɔrta 'uɲas]
tweezers	pinça (f)	['pĩsa]

cosmetics	cosméticos (m pl)	[koz'mɛtʃikus]
face mask	máscara (f)	['maskara]
manicure	manicure (f)	[mani'kuri]
to have a manicure	fazer as unhas	[fa'zer as 'uɲas]
pedicure	pedicure (f)	[pedi'kure]

make-up bag	bolsa (f) de maquiagem	['bowsa de ma'kjaʒẽ]
face powder	pó (m)	[pɔ]
powder compact	pó (m) compacto	[pɔ kõ'paktu]
blusher	blush (m)	[blaʃ]

perfume (bottled)	perfume (m)	[per'fumi]
toilet water (lotion)	água-de-colônia (f)	['agwa de ko'lonja]
lotion	loção (f)	[lo'sãw]
cologne	colônia (f)	[ko'lonja]

eyeshadow	sombra (f) de olhos	['sõbra de 'oʎus]
eyeliner	delineador (m)	[delinja'dor]
mascara	máscara (f), rímel (m)	['maskara], ['himew]

lipstick	batom (m)	['batõ]
nail polish, enamel	esmalte (m)	[iz'mawtʃi]
hair spray	laquê (m), spray fixador (m)	[la'ke], [is'prej fiksa'dor]
deodorant	desodorante (m)	[dʒizodo'rãtʃi]

cream	creme (m)	['krɛmi]
face cream	creme (m) de rosto	['krɛmi de 'hostu]
hand cream	creme (m) de mãos	['krɛmi de 'mãws]
anti-wrinkle cream	creme (m) antirrugas	['krɛmi ãtʃi'hugas]
day cream	creme (m) de dia	['krɛmi de 'dʒia]
night cream	creme (m) de noite	['krɛmi de 'nojtʃi]
day (as adj)	de dia	[de 'dʒia]
night (as adj)	da noite	[da 'nojtʃi]

tampon	absorvente (m) interno	[absor'vẽtʃi ĩ'tɛrnu]
toilet paper (toilet roll)	papel (m) higiênico	[pa'pɛw i'ʒjeniku]
hair dryer	secador (m) de cabelo	[seka'dor de ka'belu]

34. Watches. Clocks

watch (wristwatch)	relógio (m) de pulso	[he'lɔʒu de 'puwsu]
dial	mostrador (m)	[mostra'dor]
hand (of clock, watch)	ponteiro (m)	[põ'tejru]
metal watch band	bracelete (f) em aço	[brase'letʃi ẽ 'asu]
watch strap	bracelete (f) em couro	[brase'letʃi ẽ 'koru]

battery	pilha (f)	['piʎa]
to be dead (battery)	acabar (vi)	[aka'bar]
to change a battery	trocar a pilha	[tro'kar a 'piʎa]

to run fast	**estar adiantado**	[isˈtar adʒjãˈtadu]
to run slow	**estar atrasado**	[isˈtar atraˈzadu]
wall clock	**relógio** (m) **de parede**	[heˈlɔʒu de paˈredʒi]
hourglass	**ampulheta** (f)	[ãpuˈʎeta]
sundial	**relógio** (m) **de sol**	[heˈlɔʒu de sɔw]
alarm clock	**despertador** (m)	[dʒispertaˈdor]
watchmaker	**relojoeiro** (m)	[heloˈʒwejru]
to repair (vt)	**reparar** (vt)	[hepaˈrar]

Food. Nutricion

35. Food

meat	carne (f)	['karni]
chicken	galinha (f)	[ga'liɲa]
Rock Cornish hen (poussin)	frango (m)	['frãgu]
duck	pato (m)	['patu]
goose	ganso (m)	['gãsu]
game	caça (f)	['kasa]
turkey	peru (m)	[pe'ru]
pork	carne (f) de porco	['karni de 'porku]
veal	carne (f) de vitela	['karni de vi'tɛla]
lamb	carne (f) de carneiro	['karni de kar'nejru]
beef	carne (f) de vaca	['karni de 'vaka]
rabbit	carne (f) de coelho	['karni de ko'eʎu]
sausage (bologna, etc.)	linguiça (f), salsichão (m)	[lĩ'gwisa], [sawsi'ʃãw]
vienna sausage (frankfurter)	salsicha (f)	[saw'siʃa]
bacon	bacon (m)	['bejkõ]
ham	presunto (m)	[pre'zũtu]
gammon	pernil (m) de porco	[per'niw de 'porku]
pâté	patê (m)	[pa'te]
liver	fígado (m)	['figadu]
hamburger (ground beef)	guisado (m)	[gi'zadu]
tongue	língua (f)	['lĩgwa]
egg	ovo (m)	['ovu]
eggs	ovos (m pl)	['ɔvus]
egg white	clara (f) de ovo	['klara de 'ovu]
egg yolk	gema (f) de ovo	['ʒɛma de 'ovu]
fish	peixe (m)	['pejʃi]
seafood	mariscos (m pl)	[ma'riskus]
crustaceans	crustáceos (m pl)	[krus'tasjus]
caviar	caviar (m)	[ka'vjar]
crab	caranguejo (m)	[karã'geʒu]
shrimp	camarão (m)	[kama'rãw]
oyster	ostra (f)	['ostra]
spiny lobster	lagosta (f)	[la'gosta]
octopus	polvo (m)	['powvu]

squid	lula (f)	['lula]
sturgeon	esturjão (m)	[istur'ʒãw]
salmon	salmão (m)	[saw'mãw]
halibut	halibute (m)	[ali'butʃi]

cod	bacalhau (m)	[baka'ʎaw]
mackerel	cavala, sarda (f)	[ka'vala], ['sarda]
tuna	atum (m)	[a'tũ]
eel	enguia (f)	[ẽ'gia]

trout	truta (f)	['truta]
sardine	sardinha (f)	[sar'dʒiɲa]
pike	lúcio (m)	['lusju]
herring	arenque (m)	[a'rẽki]

| bread | pão (m) | [pãw] |
| cheese | queijo (m) | ['kejʒu] |

| sugar | açúcar (m) | [a'sukar] |
| salt | sal (m) | [saw] |

rice	arroz (m)	[a'hoz]
pasta (macaroni)	massas (f pl)	['masas]
noodles	talharim, miojo (m)	[taʎa'rĩ], [mi'oʒu]

| butter | manteiga (f) | [mã'tejga] |
| vegetable oil | óleo (m) vegetal | ['ɔlju veʒe'taw] |

| sunflower oil | óleo (m) de girassol | ['ɔlju de ʒira'sɔw] |
| margarine | margarina (f) | [marga'rina] |

| olives | azeitonas (f pl) | [azej'tɔnas] |
| olive oil | azeite (m) | [a'zejtʃi] |

milk	leite (m)	['lejtʃi]
condensed milk	leite (m) condensado	['lejtʃi kõdẽ'sadu]
yogurt	iogurte (m)	[jo'gurtʃi]

| sour cream | creme azedo (m) | ['krɛmi a'zedu] |
| cream (of milk) | creme (m) de leite | ['krɛmi de 'lejtʃi] |

| mayonnaise | maionese (f) | [majo'nɛzi] |
| buttercream | creme (m) | ['krɛmi] |

groats (barley ~, etc.)	grãos (m pl) de cereais	['grãws de se'rjajs]
flour	farinha (f)	[fa'riɲa]
canned food	enlatados (m pl)	[ẽla'tadus]

cornflakes	flocos (m pl) de milho	['flɔkus de 'miʎu]
honey	mel (m)	[mɛw]
jam	geleia (f)	[ʒe'lɛja]
chewing gum	chiclete (m)	[ʃi'klɛtʃi]

36. Drinks

water	água (f)	['agwa]
drinking water	água (f) potável	['agwa pu'tavɛw]
mineral water	água (f) mineral	['agwa mine'raw]
still (adj)	sem gás	[sẽ gajs]
carbonated (adj)	gaseificada	[gazejfi'kadu]
sparkling (adj)	com gás	[kõ gajs]
ice	gelo (m)	['ʒelu]
with ice	com gelo	[kõ 'ʒelu]
non-alcoholic (adj)	não alcoólico	[nãw aw'kɔliku]
soft drink	refrigerante (m)	[hefriʒe'rãtʃi]
refreshing drink	refresco (m)	[he'fresku]
lemonade	limonada (f)	[limo'nada]
liquors	bebidas (f pl) alcoólicas	[be'bidas aw'kɔlikas]
wine	vinho (m)	['viɲu]
white wine	vinho (m) branco	['viɲu 'brãku]
red wine	vinho (m) tinto	['viɲu 'tʃĩtu]
liqueur	licor (m)	[li'kor]
champagne	champanhe (m)	[ʃã'paɲi]
vermouth	vermute (m)	[ver'mutʃi]
whiskey	uísque (m)	['wiski]
vodka	vodca (f)	['vɔdʒka]
gin	gim (m)	[ʒĩ]
cognac	conhaque (m)	[ko'ɲaki]
rum	rum (m)	[hũ]
coffee	café (m)	[ka'fɛ]
black coffee	café (m) preto	[ka'fɛ 'pretu]
coffee with milk	café (m) com leite	[ka'fɛ kõ 'lejtʃi]
cappuccino	cappuccino (m)	[kapu'tʃinu]
instant coffee	café (m) solúvel	[ka'fɛ so'luvew]
milk	leite (m)	['lejtʃi]
cocktail	coquetel (m)	[koke'tɛw]
milkshake	batida (f), milkshake (m)	[ba'tʃida], ['milkʃejk]
juice	suco (m)	['suku]
tomato juice	suco (m) de tomate	['suku de to'matʃi]
orange juice	suco (m) de laranja	['suku de la'rãʒa]
freshly squeezed juice	suco (m) fresco	['suku 'fresku]
beer	cerveja (f)	[ser'veʒa]
light beer	cerveja (f) clara	[ser'veʒa 'klara]
dark beer	cerveja (f) preta	[ser'veʒa 'preta]
tea	chá (m)	[ʃa]

| black tea | chá (m) preto | [ʃa 'pretu] |
| green tea | chá (m) verde | [ʃa 'verdʒi] |

37. Vegetables

| vegetables | vegetais (m pl) | [veʒe'tajs] |
| greens | verdura (f) | [ver'dura] |

tomato	tomate (m)	[to'matʃi]
cucumber	pepino (m)	[pe'pinu]
carrot	cenoura (f)	[se'nora]
potato	batata (f)	[ba'tata]
onion	cebola (f)	[se'bola]
garlic	alho (m)	['aʎu]

cabbage	couve (f)	['kovi]
cauliflower	couve-flor (f)	['kovi 'flɔr]
Brussels sprouts	couve-de-bruxelas (f)	['kovi de bru'ʃelas]
broccoli	brócolis (m pl)	['brɔkolis]

beet	beterraba (f)	[bete'haba]
eggplant	berinjela (f)	[beri'ʒɛla]
zucchini	abobrinha (f)	[abo'briɲa]
pumpkin	abóbora (f)	[a'bɔbora]
turnip	nabo (m)	['nabu]

parsley	salsa (f)	['sawsa]
dill	endro, aneto (m)	['ẽdru], [a'netu]
lettuce	alface (f)	[aw'fasi]
celery	aipo (m)	['ajpu]
asparagus	aspargo (m)	[as'pargu]
spinach	espinafre (m)	[ispi'nafri]

pea	ervilha (f)	[er'viʎa]
beans	feijão (m)	[fej'ʒãw]
corn (maize)	milho (m)	['miʎu]
kidney bean	feijão (m) roxo	[fej'ʒãw 'hoʃu]

bell pepper	pimentão (m)	[pimẽ'tãw]
radish	rabanete (m)	[haba'netʃi]
artichoke	alcachofra (f)	[awka'ʃofra]

38. Fruits. Nuts

fruit	fruta (f)	['fruta]
apple	maçã (f)	[ma'sã]
pear	pera (f)	['pera]
lemon	limão (m)	[li'mãw]

| orange | laranja (f) | [la'rãʒa] |
| strawberry (garden ~) | morango (m) | [mo'rãgu] |

mandarin	tangerina (f)	[tãʒe'rina]
plum	ameixa (f)	[a'mejʃa]
peach	pêssego (m)	['pesegu]
apricot	damasco (m)	[da'masku]
raspberry	framboesa (f)	[frãbo'eza]
pineapple	abacaxi (m)	[abaka'ʃi]

banana	banana (f)	[ba'nana]
watermelon	melancia (f)	[melã'sia]
grape	uva (f)	['uva]
sour cherry	ginja (f)	['ʒĩʒa]
sweet cherry	cereja (f)	[se'reʒa]
melon	melão (m)	[me'lãw]

grapefruit	toranja (f)	[to'rãʒa]
avocado	abacate (m)	[aba'katʃi]
papaya	mamão (m)	[ma'mãw]
mango	manga (f)	['mãga]
pomegranate	romã (f)	['homa]

redcurrant	groselha (f) vermelha	[[gro'zɛʎa ver'meʎa]
blackcurrant	groselha (f) negra	[gro'zɛʎa 'negra]
gooseberry	groselha (f) espinhosa	[gro'zɛʎa ispi'ɲoza]
bilberry	mirtilo (m)	[mih'tʃilu]
blackberry	amora (f) silvestre	[a'mɔra siw'vɛstri]

raisin	passa (f)	['pasa]
fig	figo (m)	['figu]
date	tâmara (f)	['tamara]

peanut	amendoim (m)	[amẽdo'ĩ]
almond	amêndoa (f)	[a'mẽdwa]
walnut	noz (f)	[nɔz]
hazelnut	avelã (f)	[ave'lã]
coconut	coco (m)	['koku]
pistachios	pistaches (m pl)	[pis'taʃis]

39. Bread. Candy

bakers' confectionery (pastry)	pastelaria (f)	[pastela'ria]
bread	pão (m)	[pãw]
cookies	biscoito (m), bolacha (f)	[bis'kojtu], [bo'laʃa]

chocolate (n)	chocolate (m)	[ʃoko'latʃi]
chocolate (as adj)	de chocolate	[de ʃoko'latʃi]
candy (wrapped)	bala (f)	['bala]

cake (e.g., cupcake)	**doce** (m), **bolo** (m) **pequeno**	['dɔsi], ['bolu pe'kenu]
cake (e.g., birthday ~)	**bolo** (m) **de aniversário**	['bolu de aniver'sarju]
pie (e.g., apple ~)	**torta** (f)	['tɔrta]
filling (for cake, pie)	**recheio** (m)	[he'ʃeju]
jam (whole fruit jam)	**geleia** (f)	[ʒe'lɛja]
marmalade	**marmelada** (f)	[marme'lada]
wafers	**wafers** (m pl)	['wafers]
ice-cream	**sorvete** (m)	[sor'vetʃi]
pudding	**pudim** (m)	[pu'dʒĩ]

40. Cooked dishes

course, dish	**prato** (m)	['pratu]
cuisine	**cozinha** (f)	[ko'ziɲa]
recipe	**receita** (f)	[he'sejta]
portion	**porção** (f)	[por'sãw]
salad	**salada** (f)	[sa'lada]
soup	**sopa** (f)	['sopa]
clear soup (broth)	**caldo** (m)	['kawdu]
sandwich (bread)	**sanduíche** (m)	[sand'wiʃi]
fried eggs	**ovos** (m pl) **fritos**	['ɔvus 'fritus]
hamburger (beefburger)	**hambúrguer** (m)	[ã'burger]
beefsteak	**bife** (m)	['bifi]
side dish	**acompanhamento** (m)	[akõpaɲa'mẽtu]
spaghetti	**espaguete** (m)	[ispa'geti]
mashed potatoes	**purê** (m) **de batata**	[pu're de ba'tata]
pizza	**pizza** (f)	['pitsa]
porridge (oatmeal, etc.)	**mingau** (m)	[mĩ'gaw]
omelet	**omelete** (f)	[ome'letʃi]
boiled (e.g., ~ beef)	**fervido**	[fer'vidu]
smoked (adj)	**defumado**	[defu'madu]
fried (adj)	**frito**	['fritu]
dried (adj)	**seco**	['seku]
frozen (adj)	**congelado**	[kõʒe'ladu]
pickled (adj)	**em conserva**	[ẽ kõ'serva]
sweet (sugary)	**doce**	['dɔsi]
salty (adj)	**salgado**	[saw'gadu]
cold (adj)	**frio**	['friu]
hot (adj)	**quente**	['kẽtʃi]
bitter (adj)	**amargo**	[a'margu]
tasty (adj)	**gostoso**	[gos'tozu]

to cook in boiling water	cozinhar em água fervente	[koziˈɲar ẽ ˈagwa ferˈvẽtʃi]
to cook (dinner)	preparar (vt)	[prepaˈrar]
to fry (vt)	fritar (vt)	[friˈtar]
to heat up (food)	aquecer (vt)	[akeˈser]
to salt (vt)	salgar (vt)	[sawˈgar]
to pepper (vt)	apimentar (vt)	[apimẽˈtar]
to grate (vt)	ralar (vt)	[haˈlar]
peel (n)	casca (f)	[ˈkaska]
to peel (vt)	descascar (vt)	[dʒiskasˈkar]

41. Spices

salt	sal (m)	[saw]
salty (adj)	salgado	[sawˈgadu]
to salt (vt)	salgar (vt)	[sawˈgar]
black pepper	pimenta-do-reino (f)	[piˈmẽta-du-hejnu]
red pepper (milled ~)	pimenta (f) vermelha	[piˈmẽta verˈmeʎa]
mustard	mostarda (f)	[mosˈtarda]
horseradish	raiz-forte (f)	[haˈiz fɔrtʃi]
condiment	condimento (m)	[kõdʒiˈmẽtu]
spice	especiaria (f)	[ispesjaˈria]
sauce	molho (m)	[ˈmoʎu]
vinegar	vinagre (m)	[viˈnagri]
anise	anis (m)	[aˈnis]
basil	manjericão (m)	[mãʒeriˈkãw]
cloves	cravo (m)	[ˈkravu]
ginger	gengibre (m)	[ʒẽˈʒibri]
coriander	coentro (m)	[koˈẽtru]
cinnamon	canela (f)	[kaˈnɛla]
sesame	gergelim (m)	[ʒerʒeˈlĩ]
bay leaf	folha (f) de louro	[ˈfoʎaʃ de ˈloru]
paprika	páprica (f)	[ˈpaprika]
caraway	cominho (m)	[koˈmiɲu]
saffron	açafrão (m)	[asaˈfrãw]

42. Meals

food	comida (f)	[koˈmida]
to eat (vi, vt)	comer (vt)	[koˈmer]
breakfast	café (m) da manhã	[kaˈfɛ da maˈɲã]
to have breakfast	tomar café da manhã	[toˈmar kaˈfɛ da maˈɲã]

lunch	**almoço** (m)	[aw'mosu]
to have lunch	**almoçar** (vi)	[awmo'sar]
dinner	**jantar** (m)	[ʒã'tar]
to have dinner	**jantar** (vi)	[ʒã'tar]
appetite	**apetite** (m)	[ape'tʃitʃi]
Enjoy your meal!	**Bom apetite!**	[bõ ape'tʃitʃi]
to open (~ a bottle)	**abrir** (vt)	[a'brir]
to spill (liquid)	**derramar** (vt)	[deha'mar]
to spill out (vi)	**derramar-se** (vr)	[deha'marsi]
to boil (vi)	**ferver** (vi)	[fer'ver]
to boil (vt)	**ferver** (vt)	[fer'ver]
boiled (~ water)	**fervido**	[fer'vidu]
to chill, cool down (vt)	**esfriar** (vt)	[is'frjar]
to chill (vi)	**esfriar-se** (vr)	[is'frjarse]
taste, flavor	**sabor, gosto** (m)	[sa'bor], ['gostu]
aftertaste	**fim** (m) **de boca**	[fĩ de 'bɔka]
to slim down (lose weight)	**emagrecer** (vi)	[imagre'ser]
diet	**dieta** (f)	['dʒjɛta]
vitamin	**vitamina** (f)	[vita'mina]
calorie	**caloria** (f)	[kalo'ria]
vegetarian (n)	**vegetariano** (m)	[veʒeta'rjanu]
vegetarian (adj)	**vegetariano**	[veʒeta'rjanu]
fats (nutrient)	**gorduras** (f pl)	[gor'duras]
proteins	**proteínas** (f pl)	[prote'inas]
carbohydrates	**carboidratos** (m pl)	[karboi'dratus]
slice (of lemon, ham)	**fatia** (f)	[fa'tʃia]
piece (of cake, pie)	**pedaço** (m)	[pe'dasu]
crumb (of bread, cake, etc.)	**migalha** (f), **farelo** (m)	[mi'gaʎa], [fa'rɛlu]

43. Table setting

spoon	**colher** (f)	[ko'ʎer]
knife	**faca** (f)	['faka]
fork	**garfo** (m)	['garfu]
cup (e.g., coffee ~)	**xícara** (f)	['ʃikara]
plate (dinner ~)	**prato** (m)	['pratu]
saucer	**pires** (m)	['piris]
napkin (on table)	**guardanapo** (m)	[gwarda'napu]
toothpick	**palito** (m)	[pa'litu]

44. Restaurant

restaurant	restaurante (m)	[hestaw'rãtʃi]
coffee house	cafeteria (f)	[kafete'ria]
pub, bar	bar (m), cervejaria (f)	[bar], [serveʒa'ria]
tearoom	salão (m) de chá	[sa'lãw de ʃa]

waiter	garçom (m)	[gar'sõ]
waitress	garçonete (f)	[garso'netʃi]
bartender	barman (m)	[bar'mã]

menu	cardápio (m)	[kar'dapju]
wine list	lista (f) de vinhos	['lista de 'viɲus]
to book a table	reservar uma mesa	[hezer'var 'uma 'meza]

course, dish	prato (m)	['pratu]
to order (meal)	pedir (vt)	[pe'dʒir]
to make an order	fazer o pedido	[fa'zer u pe'dʒidu]

aperitif	aperitivo (m)	[aperi'tʃivu]
appetizer	entrada (f)	[ẽ'trada]
dessert	sobremesa (f)	[sobri'meza]

check	conta (f)	['kõta]
to pay the check	pagar a conta	[pa'gar a 'kõta]
to give change	dar o troco	[dar u 'troku]
tip	gorjeta (f)	[gor'ʒeta]

Family, relatives and friends

45. Personal information. Forms

name (first name)	**nome** (m)	['nɔmi]
surname (last name)	**sobrenome** (m)	[sobri'nɔmi]
date of birth	**data** (f) **de nascimento**	['data de nasi'mẽtu]
place of birth	**local** (m) **de nascimento**	[lo'kaw de nasi'mẽtu]
nationality	**nacionalidade** (f)	[nasjonali'dadʒi]
place of residence	**lugar** (m) **de residência**	[lu'gar de hezi'dẽsja]
country	**país** (m)	[pa'jis]
profession (occupation)	**profissão** (f)	[profi'sãw]
gender, sex	**sexo** (m)	['sɛksu]
height	**estatura** (f)	[ista'tura]
weight	**peso** (m)	['pezu]

46. Family members. Relatives

mother	**mãe** (f)	[mãj]
father	**pai** (m)	[paj]
son	**filho** (m)	['fiʎu]
daughter	**filha** (f)	['fiʎa]
younger daughter	**caçula** (f)	[ka'sula]
younger son	**caçula** (m)	[ka'sula]
eldest daughter	**filha** (f) **mais velha**	['fiʎa majs 'vɛʎa]
eldest son	**filho** (m) **mais velho**	['fiʎu majs 'vɛʎu]
brother	**irmão** (m)	[ir'mãw]
elder brother	**irmão** (m) **mais velho**	[ir'mãw majs 'vɛʎu]
younger brother	**irmão** (m) **mais novo**	[ir'mãw majs 'novu]
sister	**irmã** (f)	[ir'mã]
elder sister	**irmã** (f) **mais velha**	[ir'mã majs 'vɛʎa]
younger sister	**irmã** (f) **mais nova**	[ir'mã majs 'nɔva]
cousin (masc.)	**primo** (m)	['primu]
cousin (fem.)	**prima** (f)	['prima]
mom, mommy	**mamãe** (f)	[ma'mãj]
dad, daddy	**papai** (m)	[pa'paj]
parents	**pais** (pl)	['pajs]
child	**criança** (f)	['krjãsa]
children	**crianças** (f pl)	['krjãsas]

grandmother	**avó** (f)	[a'vo]
grandfather	**avô** (m)	[a'vo]
grandson	**neto** (m)	['nɛtu]
granddaughter	**neta** (f)	['nɛta]
grandchildren	**netos** (pl)	['nɛtus]
uncle	**tio** (m)	['tʃiu]
aunt	**tia** (f)	['tʃia]
nephew	**sobrinho** (m)	[so'briɲu]
niece	**sobrinha** (f)	[so'briɲa]
mother-in-law (wife's mother)	**sogra** (f)	['sɔgra]
father-in-law (husband's father)	**sogro** (m)	['sogru]
son-in-law (daughter's husband)	**genro** (m)	['ʒẽhu]
stepmother	**madrasta** (f)	[ma'drasta]
stepfather	**padrasto** (m)	[pa'drastu]
infant	**criança** (f) **de colo**	['krjãsa de 'kɔlu]
baby (infant)	**bebê** (m)	[be'be]
little boy, kid	**menino** (m)	[me'ninu]
wife	**mulher** (f)	[mu'ʎer]
husband	**marido** (m)	[ma'ridu]
spouse (husband)	**esposo** (m)	[is'pozu]
spouse (wife)	**esposa** (f)	[is'poza]
married (masc.)	**casado**	[ka'zadu]
married (fem.)	**casada**	[ka'zada]
single (unmarried)	**solteiro**	[sow'tejru]
bachelor	**solteirão** (m)	[sowtej'rãw]
divorced (masc.)	**divorciado**	[dʒivor'sjadu]
widow	**viúva** (f)	['vjuva]
widower	**viúvo** (m)	['vjuvu]
relative	**parente** (m)	[pa'rẽtʃi]
close relative	**parente** (m) **próximo**	[pa'rẽtʃi 'prɔsimu]
distant relative	**parente** (m) **distante**	[pa'rẽtʃi dʒis'tãtʃi]
relatives	**parentes** (m pl)	[pa'rẽtʃis]
orphan (boy)	**órfão** (m)	['ɔrfãw]
orphan (girl)	**órfã** (f)	['ɔrfã]
guardian (of a minor)	**tutor** (m)	[tu'tor]
to adopt (a boy)	**adotar** (vt)	[ado'tar]
to adopt (a girl)	**adotar** (vt)	[ado'tar]

Medicine

47. Diseases

sickness	doença (f)	[do'ẽsa]
to be sick	estar doente	[is'tar do'ẽtʃi]
health	saúde (f)	[sa'udʒi]
runny nose (coryza)	nariz (m) escorrendo	[na'riz isko'hẽdu]
tonsillitis	amigdalite (f)	[amigda'litʃi]
cold (illness)	resfriado (m)	[hes'frjadu]
to catch a cold	ficar resfriado	[fi'kar hes'frjadu]
bronchitis	bronquite (f)	[brõ'kitʃi]
pneumonia	pneumonia (f)	[pnewmo'nia]
flu, influenza	gripe (f)	['gripi]
nearsighted (adj)	míope	['miopi]
farsighted (adj)	presbita	[pres'bita]
strabismus (crossed eyes)	estrabismo (m)	[istra'bizmu]
cross-eyed (adj)	estrábico, vesgo	[is'trabiku], ['vezgu]
cataract	catarata (f)	[kata'rata]
glaucoma	glaucoma (m)	[glaw'koma]
stroke	AVC (m), apoplexia (f)	[ave'se], [apople'ksia]
heart attack	ataque (m) cardíaco	[a'taki kar'dʒiaku]
myocardial infarction	enfarte (m) do miocárdio	[ẽ'fartʃi du mjo'kardʒiu]
paralysis	paralisia (f)	[parali'zia]
to paralyze (vt)	paralisar (vt)	[parali'zar]
allergy	alergia (f)	[aler'ʒia]
asthma	asma (f)	['azma]
diabetes	diabetes (f)	[dʒja'bɛtʃis]
toothache	dor (f) de dente	[dor de 'dẽtʃi]
caries	cárie (f)	['kari]
diarrhea	diarreia (f)	[dʒja'hɛja]
constipation	prisão (f) de ventre	[pri'zãw de 'vẽtri]
stomach upset	desarranjo (m) intestinal	[dʒiza'hãʒu ĩtestʃi'naw]
food poisoning	intoxicação (f) alimentar	[ĩtoksika'sãw alimẽ'tar]
to get food poisoning	intoxicar-se	[ĩtoksi'karsi]
arthritis	artrite (f)	[ar'tritʃi]
rickets	raquitismo (m)	[haki'tʃizmu]
rheumatism	reumatismo (m)	[hewma'tʃizmu]

atherosclerosis	arteriosclerose (f)	[arterjoskle'rɔzi]
gastritis	**gastrite** (f)	[gas'tritʃi]
appendicitis	**apendicite** (f)	[apẽdʒi'sitʃi]
cholecystitis	**colecistite** (f)	[kulesi'stʃitʃi]
ulcer	**úlcera** (f)	['uwsera]

measles	**sarampo** (m)	[sa'rãpu]
rubella (German measles)	**rubéola** (f)	[hu'bɛola]
jaundice	**icterícia** (f)	[ikte'risja]
hepatitis	**hepatite** (f)	[epa'tʃitʃi]

schizophrenia	**esquizofrenia** (f)	[iskizofre'nia]
rabies (hydrophobia)	**raiva** (f)	['hajva]
neurosis	**neurose** (f)	[new'rɔzi]
concussion	**contusão** (f) **cerebral**	[kõtu'zãw sere'braw]

cancer	**câncer** (m)	['kãser]
sclerosis	**esclerose** (f)	[iskle'rɔzi]
multiple sclerosis	**esclerose** (f) **múltipla**	[iskle'rɔzi 'muwtʃipla]

alcoholism	**alcoolismo** (m)	[awko'lizmu]
alcoholic (n)	**alcoólico** (m)	[aw'kɔliku]
syphilis	**sífilis** (f)	['sifilis]
AIDS	**AIDS** (f)	['ajdʒs]

tumor	**tumor** (m)	[tu'mor]
malignant (adj)	**maligno**	[ma'lignu]
benign (adj)	**benigno**	[be'nignu]

fever	**febre** (f)	['fɛbri]
malaria	**malária** (f)	[ma'larja]
gangrene	**gangrena** (f)	[gã'grena]
seasickness	**enjoo** (m)	[ẽ'ʒou]
epilepsy	**epilepsia** (f)	[epile'psia]

epidemic	**epidemia** (f)	[epide'mia]
typhus	**tifo** (m)	['tʃifu]
tuberculosis	**tuberculose** (f)	[tuberku'lɔzi]
cholera	**cólera** (f)	['kɔlera]
plague (bubonic ~)	**peste** (f) **bubônica**	['pɛstʃi bu'bonika]

48. Symptoms. Treatments. Part 1

symptom	**sintoma** (m)	[sĩ'toma]
temperature	**temperatura** (f)	[tẽpera'tura]
high temperature (fever)	**febre** (f)	['fɛbri]
pulse (heartbeat)	**pulso** (m)	['puwsu]

dizziness (vertigo)	**vertigem** (f)	[ver'tʃiʒẽ]
hot (adj)	**quente**	['kẽtʃi]

English	Portuguese	Pronunciation
shivering	calafrio (m)	[kala'friu]
pale (e.g., ~ face)	pálido	['palidu]
cough	tosse (f)	['tɔsi]
to cough (vi)	tossir (vi)	[to'sir]
to sneeze (vi)	espirrar (vi)	[ispi'har]
faint	desmaio (m)	[dʒiz'maju]
to faint (vi)	desmaiar (vi)	[dʒizma'jar]
bruise (hématome)	mancha (f) preta	['mãʃa 'preta]
bump (lump)	galo (m)	['galu]
to bang (bump)	machucar-se (vr)	[maʃu'karsi]
contusion (bruise)	contusão (f)	[kõtu'zãw]
to get a bruise	machucar-se (vr)	[maʃu'karsi]
to limp (vi)	mancar (vi)	[mã'kar]
dislocation	deslocamento (f)	[dʒizloka'mẽtu]
to dislocate (vt)	deslocar (vt)	[dʒizlo'kar]
fracture	fratura (f)	[fra'tura]
to have a fracture	fraturar (vt)	[fratu'rar]
cut (e.g., paper ~)	corte (m)	['kɔrtʃi]
to cut oneself	cortar-se (vr)	[kor'tarsi]
bleeding	hemorragia (f)	[emoha'ʒia]
burn (injury)	queimadura (f)	[kejma'dura]
to get burned	queimar-se (vr)	[kej'marsi]
to prick (vt)	picar (vt)	[pi'kar]
to prick oneself	picar-se (vr)	[pi'karsi]
to injure (vt)	lesionar (vt)	[lezjo'nar]
injury	lesão (m)	[le'zãw]
wound	ferida (f), ferimento (m)	[fe'rida], [feri'mẽtu]
trauma	trauma (m)	['trawma]
to be delirious	delirar (vi)	[deli'rar]
to stutter (vi)	gaguejar (vi)	[gage'ʒar]
sunstroke	insolação (f)	[insola'sãw]

49. Symptoms. Treatments. Part 2

English	Portuguese	Pronunciation
pain, ache	dor (f)	[dor]
splinter (in foot, etc.)	farpa (f)	['farpa]
sweat (perspiration)	suor (m)	[swɔr]
to sweat (perspire)	suar (vi)	[swar]
vomiting	vômito (m)	['vomitu]
convulsions	convulsões (f pl)	[kõvuw'sõjs]
pregnant (adj)	grávida	['gravida]
to be born	nascer (vi)	[na'ser]

English	Portuguese	Pronunciation
delivery, labor	parto (m)	['partu]
to deliver (~ a baby)	dar à luz	[dar a luz]
abortion	aborto (m)	[a'bortu]
breathing, respiration	respiração (f)	[hespira'sãw]
in-breath (inhalation)	inspiração (f)	[ĩspira'sãw]
out-breath (exhalation)	expiração (f)	[ispira'sãw]
to exhale (breathe out)	expirar (vi)	[ispi'rar]
to inhale (vi)	inspirar (vi)	[ĩspi'rar]
disabled person	inválido (m)	[ĩ'validu]
cripple	aleijado (m)	[alej'ʒadu]
drug addict	drogado (m)	[dro'gadu]
deaf (adj)	surdo	['surdu]
mute (adj)	mudo	['mudu]
deaf mute (adj)	surdo-mudo	['surdu-'mudu]
mad, insane (adj)	louco, insano	['loku], [ĩ'sanu]
madman (demented person)	louco (m)	['loku]
madwoman	louca (f)	['loka]
to go insane	ficar louco	[fi'kar 'loku]
gene	gene (m)	['ʒɛni]
immunity	imunidade (f)	[imuni'dadʒi]
hereditary (adj)	hereditário	[eredʒi'tarju]
congenital (adj)	congênito	[kõ'ʒenitu]
virus	vírus (m)	['virus]
microbe	micróbio (m)	[mi'krɔbju]
bacterium	bactéria (f)	[bak'tɛrja]
infection	infecção (f)	[ĩfek'sãw]

50. Symptoms. Treatments. Part 3

English	Portuguese	Pronunciation
hospital	hospital (m)	[ospi'taw]
patient	paciente (m)	[pa'sjẽtʃi]
diagnosis	diagnóstico (m)	[dʒjag'nɔstʃiku]
cure	cura (f)	['kura]
medical treatment	tratamento (m) médico	[trata'mẽtu 'mɛdʒiku]
to get treatment	curar-se (vr)	[ku'rarsi]
to treat (~ a patient)	tratar (vt)	[tra'tar]
to nurse (look after)	cuidar (vt)	[kwi'dar]
care (nursing ~)	cuidado (m)	[kwi'dadu]
operation, surgery	operação (f)	[opera'sãw]
to bandage (head, limb)	enfaixar (vt)	[ẽfaj'ʃar]
bandaging	enfaixamento (m)	[bã'daʒãj]

vaccination	vacinação (f)	[vasina'sãw]
to vaccinate (vt)	vacinar (vt)	[vasi'nar]
injection, shot	injeção (f)	[inʒe'sãw]
to give an injection	dar uma injeção	[dar 'uma inʒe'sãw]

attack	ataque (m)	[a'taki]
amputation	amputação (f)	[ãputa'sãw]
to amputate (vt)	amputar (vt)	[ãpu'tar]
coma	coma (f)	['kɔma]
to be in a coma	estar em coma	[is'tar ẽ 'kɔma]
intensive care	reanimação (f)	[hianima'sãw]

to recover (~ from flu)	recuperar-se (vr)	[hekupe'rarsi]
condition (patient's ~)	estado (m)	[i'stadu]
consciousness	consciência (f)	[kõ'sjẽsja]
memory (faculty)	memória (f)	[me'mɔrja]

to pull out (tooth)	tirar (vt)	[tʃi'rar]
filling	obturação (f)	[obitura'sãw]
to fill (a tooth)	obturar (vt)	[obitu'rar]

| hypnosis | hipnose (f) | [ip'nɔzi] |
| to hypnotize (vt) | hipnotizar (vt) | [ipnotʃi'zar] |

51. Doctors

doctor	médico (m)	['mɛdʒiku]
nurse	enfermeira (f)	[ẽfer'mejra]
personal doctor	médico (m) pessoal	['mɛdʒiku pe'swaw]

dentist	dentista (m)	[dẽ'tʃista]
eye doctor	oculista (m)	[oku'lista]
internist	terapeuta (m)	[tera'pewta]
surgeon	cirurgião (m)	[sirur'ʒjãw]

psychiatrist	psiquiatra (m)	[psi'kjatra]
pediatrician	pediatra (m)	[pe'dʒjatra]
psychologist	psicólogo (m)	[psi'kɔlogu]
gynecologist	ginecologista (m)	[ʒinekolo'ʒista]
cardiologist	cardiologista (m)	[kardʒjolo'ʒista]

52. Medicine. Drugs. Accessories

medicine, drug	medicamento (m)	[medʒika'mẽtu]
remedy	remédio (m)	[he'mɛdʒju]
to prescribe (vt)	receitar (vt)	[hesej'tar]
prescription	receita (f)	[he'sejta]
tablet, pill	comprimido (m)	[kõpri'midu]

ointment	**unguento** (m)	[ũ'gwẽtu]
ampule	**ampola** (f)	[ã'pɔla]
mixture, solution	**solução, preparado** (m)	[solu'sãw], [prepa'radu]
syrup	**xarope** (m)	[ʃa'rɔpi]
capsule	**cápsula** (f)	['kapsula]
powder	**pó** (m)	[pɔ]
gauze bandage	**atadura** (f)	[ata'dura]
cotton wool	**algodão** (m)	[awgo'dãw]
iodine	**iodo** (m)	['jodu]
Band-Aid	**curativo** (m) **adesivo**	[kura'tivu ade'zivu]
eyedropper	**conta-gotas** (m)	['kõta 'gotas]
thermometer	**termômetro** (m)	[ter'mometru]
syringe	**seringa** (f)	[se'rĩga]
wheelchair	**cadeira** (f) **de rodas**	[ka'dejra de 'hɔdas]
crutches	**muletas** (f pl)	[mu'letas]
painkiller	**analgésico** (m)	[anaw'ʒɛziku]
laxative	**laxante** (m)	[la'ʃãtʃi]
spirits (ethanol)	**álcool** (m)	['awkɔw]
medicinal herbs	**ervas** (f pl) **medicinais**	['ɛrvas medʒisi'najs]
herbal (~ tea)	**de ervas**	[de 'ɛrvas]

HUMAN HABITAT

City

53. City. Life in the city

English	Portuguese	Pronunciation
city, town	cidade (f)	[si'dadʒi]
capital city	capital (f)	[kapi'taw]
village	aldeia (f)	[aw'deja]
city map	mapa (m) da cidade	['mapa da si'dadʒi]
downtown	centro (m) da cidade	['sẽtru da si'dadʒi]
suburb	subúrbio (m)	[su'burbju]
suburban (adj)	suburbano	[subur'banu]
outskirts	periferia (f)	[perife'ria]
environs (suburbs)	arredores (m pl)	[ahe'dɔris]
city block	quarteirão (m)	[kwartej'rãw]
residential block (area)	quarteirão (m) residencial	[kwartej'rãw hezidẽ'sjaw]
traffic	tráfego (m)	['trafegu]
traffic lights	semáforo (m)	[se'maforu]
public transportation	transporte (m) público	[trãs'portʃi 'publiku]
intersection	cruzamento (m)	[kruza'mẽtu]
crosswalk	faixa (f)	['fajʃa]
pedestrian underpass	túnel (m)	['tunew]
to cross (~ the street)	cruzar, atravessar (vt)	[kru'zar], [atrave'sar]
pedestrian	pedestre (m)	[pe'dɛstri]
sidewalk	calçada (f)	[kaw'sada]
bridge	ponte (f)	['põtʃi]
embankment (river walk)	margem (f) do rio	['marʒẽ du 'hiu]
fountain	fonte (f)	['fõtʃi]
allée (garden walkway)	alameda (f)	[ala'meda]
park	parque (m)	['parki]
boulevard	bulevar (m)	[bule'var]
square	praça (f)	['prasa]
avenue (wide street)	avenida (f)	[ave'nida]
street	rua (f)	['hua]
side street	travessa (f)	[tra'vɛsa]
dead end	beco (m) sem saída	['beku sẽ sa'ida]
house	casa (f)	['kaza]
building	edifício, prédio (m)	[edʒi'fisju], ['prɛdʒju]

skyscraper	**arranha-céu** (m)	[aˈhaɲa-sɛw]
facade	**fachada** (f)	[faˈʃada]
roof	**telhado** (m)	[teˈʎadu]
window	**janela** (f)	[ʒaˈnɛla]
arch	**arco** (m)	[ˈarku]
column	**coluna** (f)	[koˈluna]
corner	**esquina** (f)	[isˈkina]

store window	**vitrine** (f)	[viˈtrini]
signboard (store sign, etc.)	**letreiro** (m)	[leˈtrejru]
poster (e.g., playbill)	**cartaz** (m)	[karˈtaz]
advertising poster	**cartaz** (m) **publicitário**	[karˈtaz publisiˈtarju]
billboard	**painel** (m) **publicitário**	[pajˈnɛw publisiˈtarju]

garbage, trash	**lixo** (m)	[ˈliʃu]
trash can (public ~)	**lixeira** (f)	[liˈʃejra]
to litter (vi)	**jogar lixo na rua**	[ʒoˈgar ˈliʃu na ˈhua]
garbage dump	**aterro** (m) **sanitário**	[aˈtehu saniˈtarju]

phone booth	**orelhão** (m)	[oreˈʎãw]
lamppost	**poste** (m) **de luz**	[ˈpɔstʃi de luz]
bench (park ~)	**banco** (m)	[ˈbãku]

police officer	**polícia** (m)	[poˈlisja]
police	**polícia** (f)	[poˈlisja]
beggar	**mendigo, pedinte** (m)	[mẽˈdʒigu], [peˈdʒĩtʃi]
homeless (n)	**desabrigado** (m)	[dʒizabriˈgadu]

54. Urban institutions

store	**loja** (f)	[ˈlɔʒa]
drugstore, pharmacy	**drogaria** (f)	[drogaˈria]
eyeglass store	**ótica** (f)	[ˈɔtʃika]
shopping mall	**centro** (m) **comercial**	[ˈsẽtru komerˈsjaw]
supermarket	**supermercado** (m)	[supermerˈkadu]

bakery	**padaria** (f)	[padaˈria]
baker	**padeiro** (m)	[paˈdejru]
pastry shop	**pastelaria** (f)	[pastelaˈria]
grocery store	**mercearia** (f)	[mersjaˈria]
butcher shop	**açougue** (m)	[aˈsogi]

produce store	**fruteira** (f)	[fruˈtejra]
market	**mercado** (m)	[merˈkadu]

coffee house	**cafeteria** (f)	[kafeteˈria]
restaurant	**restaurante** (m)	[hestawˈrãtʃi]
pub, bar	**bar** (m)	[bar]
pizzeria	**pizzaria** (f)	[pitsaˈria]
hair salon	**salão** (m) **de cabeleireiro**	[saˈlãw de kabelejˈrejru]

English	Portuguese	Pronunciation
post office	agência (f) dos correios	[a'ʒẽsja dus ko'hejus]
dry cleaners	lavanderia (f)	[lavãde'ria]
photo studio	estúdio (m) fotográfico	[is'tudʒu foto'grafiku]
shoe store	sapataria (f)	[sapata'ria]
bookstore	livraria (f)	[livra'ria]
sporting goods store	loja (f) de artigos esportivos	['lɔʒa de ar'tʃigus ispor'tʃivus]
clothes repair shop	costureira (m)	[kostu'rejra]
formal wear rental	aluguel (m) de roupa	[alu'gɛw de 'hopa]
video rental store	videolocadora (f)	['vidʒju·loka'dora]
circus	circo (m)	['sirku]
zoo	jardim (m) zoológico	[ʒar'dʒĩ zo'lɔʒiku]
movie theater	cinema (m)	[si'nɛma]
museum	museu (m)	[mu'zew]
library	biblioteca (f)	[bibljo'tɛka]
theater	teatro (m)	['tʃjatru]
opera (opera house)	ópera (f)	['ɔpera]
nightclub	boate (f)	['bwatʃi]
casino	cassino (m)	[ka'sinu]
mosque	mesquita (f)	[mes'kita]
synagogue	sinagoga (f)	[sina'gɔga]
cathedral	catedral (f)	[kate'draw]
temple	templo (m)	['tẽplu]
church	igreja (f)	[i'greʒa]
college	faculdade (f)	[fakuw'dadʒi]
university	universidade (f)	[universi'dadʒi]
school	escola (f)	[is'kɔla]
prefecture	prefeitura (f)	[prefej'tura]
city hall	câmara (f) municipal	['kamara munisi'paw]
hotel	hotel (m)	[o'tɛw]
bank	banco (m)	['bãku]
embassy	embaixada (f)	[ẽbaj'ʃada]
travel agency	agência (f) de viagens	[a'ʒẽsja de 'vjaʒẽs]
information office	agência (f) de informações	[a'ʒẽsja de ĩforma'sõjs]
currency exchange	casa (f) de câmbio	['kaza de 'kãbju]
subway	metrô (m)	[me'tro]
hospital	hospital (m)	[ospi'taw]
gas station	posto (m) de gasolina	['postu de gazo'lina]
parking lot	parque (m) de estacionamento	['parki de istasjona'mẽtu]

55. Signs

signboard (store sign, etc.)	letreiro (m)	[le'trejru]
notice (door sign, etc.)	aviso (m)	[a'vizu]
poster	pôster (m)	['poster]
direction sign	placa (f) de direção	['plaka]
arrow (sign)	seta (f)	['sɛta]
caution	aviso (m), advertência (f)	[a'vizu], [adʒiver'tẽsja]
warning sign	sinal (m) de aviso	[si'naw de a'vizu]
to warn (vt)	avisar, advertir (vt)	[avi'zar], [adʒiver'tʃir]
rest day (weekly ~)	dia (m) de folga	['dʒia de 'fɔwga]
timetable (schedule)	horário (m)	[o'rarju]
opening hours	horário (m)	[o'rarju]
WELCOME!	BEM-VINDOS!	[bẽj 'vĩdu]
ENTRANCE	ENTRADA	[ẽ'trada]
EXIT	SAÍDA	[sa'ida]
PUSH	EMPURRE	[ẽ'puhe]
PULL	PUXE	['puʃe]
OPEN	ABERTO	[a'bɛrtu]
CLOSED	FECHADO	[fe'ʃadu]
WOMEN	MULHER	[mu'ʎer]
MEN	HOMEM	['ɔmẽ]
DISCOUNTS	DESCONTOS	[dʒis'kõtus]
SALE	SALDOS, PROMOÇÃO	['sawdus], [promo'sãw]
NEW!	NOVIDADE!	[novi'dadʒi]
FREE	GRÁTIS	['gratʃis]
ATTENTION!	ATENÇÃO!	[atẽ'sãw]
NO VACANCIES	NÃO HÁ VAGAS	['nãw a 'vagas]
RESERVED	RESERVADO	[hezer'vadu]
ADMINISTRATION	ADMINISTRAÇÃO	[adʒiministra'sãw]
STAFF ONLY	SOMENTE PESSOAL AUTORIZADO	[sɔ'mẽtʃi pe'swaw awtori'zadu]
BEWARE OF THE DOG!	CUIDADO CÃO FEROZ	[kwi'dadu kãw fe'rɔz]
NO SMOKING	PROIBIDO FUMAR!	[proi'bidu fu'mar]
DO NOT TOUCH!	NÃO TOCAR	['nãw to'kar]
DANGEROUS	PERIGOSO	[peri'gozu]
DANGER	PERIGO	[pe'rigu]
HIGH VOLTAGE	ALTA TENSÃO	['awta tẽ'sãw]
NO SWIMMING!	PROIBIDO NADAR	[proi'bidu na'dar]
OUT OF ORDER	COM DEFEITO	[kõ de'fejtu]
FLAMMABLE	INFLAMÁVEL	[ĩfla'mavew]

FORBIDDEN	PROIBIDO	[proi'bidu]
NO TRESPASSING!	ENTRADA PROIBIDA	[ẽ'trada proi'bida]
WET PAINT	CUIDADO TINTA FRESCA	[kwi'dadu 'tʃĩta 'freska]

56. Urban transportation

bus	ônibus (m)	['onibus]
streetcar	bonde (m) elétrico	['bõdʒi e'lɛtriku]
trolley bus	trólebus (m)	['trolebus]
route (of bus, etc.)	rota (f), itinerário (m)	['hota], [itʃine'rarju]
number (e.g., bus ~)	número (m)	['numeru]

to go by ...	ir de ...	[ir de]
to get on (~ the bus)	entrar no ...	[ẽ'trar nu]
to get off ...	descer do ...	[de'ser du]

stop (e.g., bus ~)	parada (f)	[pa'rada]
next stop	próxima parada (f)	['prɔsima pa'rada]
terminus	terminal (m)	[termi'naw]
schedule	horário (m)	[o'rarju]
to wait (vt)	esperar (vt)	[ispe'rar]

| ticket | passagem (f) | [pa'saʒẽ] |
| fare | tarifa (f) | [ta'rifa] |

cashier (ticket seller)	bilheteiro (m)	[biʎe'tejru]
ticket inspection	controle (m) de passagens	[kõ'troli de pa'saʒãjʃ]
ticket inspector	revisor (m)	[hevi'zor]

to be late (for ...)	atrasar-se (vr)	[atra'zarsi]
to miss (~ the train, etc.)	perder (vt)	[per'der]
to be in a hurry	estar com pressa	[is'tar kõ 'prɛsa]

taxi, cab	táxi (m)	['taksi]
taxi driver	taxista (m)	[tak'sista]
by taxi	de táxi	[de 'taksi]
taxi stand	ponto (m) de táxis	['põtu de 'taksis]
to call a taxi	chamar um táxi	[ʃa'mar ũ 'taksi]
to take a taxi	pegar um táxi	[pe'gar ũ 'taksi]

traffic	tráfego (m)	['trafegu]
traffic jam	engarrafamento (m)	[ẽgahafa'mẽtu]
rush hour	horas (f pl) de pico	['ɔras de 'piku]
to park (vi)	estacionar (vi)	[istasjo'nar]
to park (vt)	estacionar (vt)	[istasjo'nar]
parking lot	parque (m) de estacionamento	['parki de istasjona'mẽtu]

| subway | metrô (m) | [me'tro] |

station	estação (f)	[ista'sãw]
to take the subway	ir de metrô	[ir de me'tro]
train	trem (m)	[trẽj]
train station	estação (f) de trem	[ista'sãw de trẽj]

57. Sightseeing

monument	monumento (m)	[monu'mẽtu]
fortress	fortaleza (f)	[forta'leza]
palace	palácio (m)	[pa'lasju]
castle	castelo (m)	[kas'tɛlu]
tower	torre (f)	['tohi]
mausoleum	mausoléu (m)	[mawzo'lɛw]

architecture	arquitetura (f)	[arkite'tura]
medieval (adj)	medieval	[medʒje'vaw]
ancient (adj)	antigo	[ã'tʃigu]
national (adj)	nacional	[nasjo'naw]
famous (monument, etc.)	famoso	[fa'mozu]

tourist	turista (m)	[tu'rista]
guide (person)	guia (m)	['gia]
excursion, sightseeing tour	excursão (f)	[iskur'sãw]
to show (vt)	mostrar (vt)	[mos'trar]
to tell (vt)	contar (vt)	[kõ'tar]

to find (vt)	encontrar (vt)	[ẽkõ'trar]
to get lost (lose one's way)	perder-se (vr)	[per'dersi]
map (e.g., subway ~)	mapa (m)	['mapa]
map (e.g., city ~)	mapa (m)	['mapa]

souvenir, gift	lembrança (f), presente (m)	[lẽ'brãsa], [pre'zẽtʃi]
gift shop	loja (f) de presentes	['lɔʒa de pre'zẽtʃis]
to take pictures	tirar fotos	[tʃi'rar 'fotus]
to have one's picture taken	fotografar-se (vr)	[fotogra'farse]

58. Shopping

to buy (purchase)	comprar (vt)	[kõ'prar]
purchase	compra (f)	['kõpra]
to go shopping	fazer compras	[fa'zer 'kõpras]
shopping	compras (f pl)	['kõpras]

| to be open (ab. store) | estar aberta | [is'tar a'bɛrta] |
| to be closed | estar fechada | [is'tar fe'ʃada] |

| footwear, shoes | calçado (m) | [kaw'sadu] |
| clothes, clothing | roupa (f) | ['hopa] |

English	Portuguese	Pronunciation
cosmetics	**cosméticos** (m pl)	[koz'mεtʃikus]
food products	**alimentos** (m pl)	[ali'mẽtus]
gift, present	**presente** (m)	[pre'zẽtʃi]
salesman	**vendedor** (m)	[vẽde'dor]
saleswoman	**vendedora** (f)	[vẽde'dora]
check out, cash desk	**caixa** (f)	['kaɪʃa]
mirror	**espelho** (m)	[is'peʎu]
counter (store ~)	**balcão** (m)	[baw'kãw]
fitting room	**provador** (m)	[prɔva'dor]
to try on	**provar** (vt)	[pro'var]
to fit (ab. dress, etc.)	**servir** (vi)	[ser'vir]
to like (I like …)	**gostar** (vt)	[gos'tar]
price	**preço** (m)	['presu]
price tag	**etiqueta** (f) **de preço**	[etʃi'keta de 'presu]
to cost (vt)	**custar** (vt)	[kus'tar]
How much?	**Quanto?**	['kwãtu]
discount	**desconto** (m)	[dʒis'kõtu]
inexpensive (adj)	**não caro**	['nãw 'karu]
cheap (adj)	**barato**	[ba'ratu]
expensive (adj)	**caro**	['karu]
It's expensive	**É caro**	[ε 'karu]
rental (n)	**aluguel** (m)	[alu'gεw]
to rent (~ a tuxedo)	**alugar** (vt)	[alu'gar]
credit (trade credit)	**crédito** (m)	['krεdʒitu]
on credit (adv)	**a crédito**	[a 'krεdʒitu]

59. Money

English	Portuguese	Pronunciation
money	**dinheiro** (m)	[dʒi'nejru]
currency exchange	**câmbio** (m)	['kãbju]
exchange rate	**taxa** (f) **de câmbio**	['taʃa de 'kãbju]
ATM	**caixa** (m) **eletrônico**	['kaɪʃa ele'troniku]
coin	**moeda** (f)	['mwεda]
dollar	**dólar** (m)	['dɔlar]
euro	**euro** (m)	['ewru]
lira	**lira** (f)	['lira]
Deutschmark	**marco** (m)	['marku]
franc	**franco** (m)	['frãku]
pound sterling	**libra** (f) **esterlina**	['libra ister'linu]
yen	**iene** (m)	['jεni]
debt	**dívida** (f)	['dʒivida]
debtor	**devedor** (m)	[deve'dor]

English	Portuguese	Pronunciation
to lend (money)	emprestar (vt)	[ẽpres'tar]
to borrow (vi, vt)	pedir emprestado	[pe'dʒir ẽpres'tadu]
bank	banco (m)	['bãku]
account	conta (f)	['kõta]
to deposit (vt)	depositar (vt)	[depozi'tar]
to deposit into the account	depositar na conta	[depozi'tar na 'kõta]
to withdraw (vt)	sacar (vt)	[sa'kar]
credit card	cartão (m) de crédito	[kar'tãw de 'krɛdʒitu]
cash	dinheiro (m) vivo	[dʒi'ɲejru 'vivu]
check	cheque (m)	['ʃɛki]
to write a check	passar um cheque	[pa'sar ũ 'ʃɛki]
checkbook	talão (m) de cheques	[ta'lãw de 'ʃɛkis]
wallet	carteira (f)	[kar'tejra]
change purse	niqueleira (f)	[nike'lejra]
safe	cofre (m)	['kɔfri]
heir	herdeiro (m)	[er'dejru]
inheritance	herança (f)	[e'rãsa]
fortune (wealth)	fortuna (f)	[for'tuna]
lease	arrendamento (m)	[ahẽda'mẽtu]
rent (money)	aluguel (m)	[alu'gɛw]
to rent (sth from sb)	alugar (vt)	[alu'gar]
price	preço (m)	['presu]
cost	custo (m)	['kustu]
sum	soma (f)	['sɔma]
to spend (vt)	gastar (vt)	[gas'tar]
expenses	gastos (m pl)	['gastus]
to economize (vi, vt)	economizar (vi)	[ekonomi'zar]
economical	econômico	[eko'nomiku]
to pay (vi, vt)	pagar (vt)	[pa'gar]
payment	pagamento (m)	[paga'mẽtu]
change (give the ~)	troco (m)	['troku]
tax	imposto (m)	[ĩ'postu]
fine	multa (f)	['muwta]
to fine (vt)	multar (vt)	[muw'tar]

60. Post. Postal service

English	Portuguese	Pronunciation
post office	agência (f) dos correios	[a'ʒẽsja dus ko'hejus]
mail (letters, etc.)	correio (m)	[ko'heju]
mailman	carteiro (m)	[kar'tejru]
opening hours	horário (m)	[o'rarju]

letter	**carta** (f)	['karta]
registered letter	**carta** (f) **registada**	['karta heʒis'tada]
postcard	**cartão** (m) **postal**	[kar'tãw pos'taw]
telegram	**telegrama** (m)	[tele'grama]
package (parcel)	**encomenda** (f)	[ẽko'mẽda]
money transfer	**transferência** (f) **de dinheiro**	[trãsfe'rẽsja de dʒi'ɲejru]
to receive (vt)	**receber** (vt)	[hese'ber]
to send (vt)	**enviar** (vt)	[ẽ'vjar]
sending	**envio** (m)	[ẽ'viu]
address	**endereço** (m)	[ẽde'resu]
ZIP code	**código** (m) **postal**	['kɔdʒigu pos'taw]
sender	**remetente** (m)	[heme'tẽtʃi]
receiver	**destinatário** (m)	[destʃina'tarju]
name (first name)	**nome** (m)	['nɔmi]
surname (last name)	**sobrenome** (m)	[sobri'nɔmi]
postage rate	**tarifa** (f)	[ta'rifa]
standard (adj)	**ordinário**	[ordʒi'narju]
economical (adj)	**econômico**	[eko'nomiku]
weight	**peso** (m)	['pezu]
to weigh (~ letters)	**pesar** (vt)	[pe'zar]
envelope	**envelope** (m)	[ẽve'lɔpi]
postage stamp	**selo** (m) **postal**	['selu pos'taw]
to stamp an envelope	**colar o selo**	[ko'lar u 'selu]

Dwelling. House. Home

61. House. Electricity

electricity	eletricidade (f)	[eletrisi'dadʒi]
light bulb	lâmpada (f)	['lãpada]
switch	interruptor (m)	[ĩtehup'tor]
fuse (plug fuse)	fusível, disjuntor (m)	[fu'zivew], [dʒisʒũ'tor]
cable, wire (electric ~)	fio, cabo (m)	['fiu], ['kabu]
wiring	instalação (f) elétrica	[ĩstala'sãw e'lɛtrika]
electricity meter	medidor (m) de eletricidade	[medʒi'dor de eletrisi'dadʒi]
readings	indicação (f), registro (m)	[indʒika'sãw], [he'ʒistru]

62. Villa. Mansion

country house	casa (f) de campo	['kaza de 'kãpu]
villa (seaside ~)	vila (f)	['vila]
wing (~ of a building)	ala (f)	['ala]
garden	jardim (m)	[ʒar'dʒĩ]
park	parque (m)	['parki]
conservatory (greenhouse)	estufa (f)	[is'tufa]
to look after (garden, etc.)	cuidar de ...	[kwi'dar de]
swimming pool	piscina (f)	[pi'sina]
gym (home gym)	academia (f) de ginástica	[akade'mia de ʒi'nastʃika]
tennis court	quadra (f) de tênis	['kwadra de 'tenis]
home theater (room)	cinema (m)	[si'nɛma]
garage	garagem (f)	[ga'raʒẽ]
private property	propriedade (f) privada	[proprje'dadʒi pri'vada]
private land	terreno (m) privado	[te'hɛnu pri'vadu]
warning (caution)	advertência (f)	[adʒiver'tẽsja]
warning sign	sinal (m) de aviso	[si'naw de a'vizu]
security	guarda (f)	['gwarda]
security guard	guarda (m)	['gwarda]
burglar alarm	alarme (m)	[a'larmi]

63. Apartment

apartment	apartamento (m)	[aparta'mẽtu]
room	quarto, cômodo (m)	['kwartu], ['komodu]
bedroom	quarto (m) de dormir	['kwartu de dor'mir]
dining room	sala (f) de jantar	['sala de ʒã'tar]
living room	sala (f) de estar	['sala de is'tar]
study (home office)	escritório (m)	[iskri'tɔrju]
entry room	sala (f) de entrada	['sala de ẽ'trada]
bathroom (room with a bath or shower)	banheiro (m)	[ba'ɲejru]
half bath	lavabo (m)	[la'vabu]
ceiling	teto (m)	['tɛtu]
floor	chão, piso (m)	['ʃãw], ['pizu]
corner	canto (m)	['kãtu]

64. Furniture. Interior

furniture	mobiliário (m)	[mobi'ljarju]
table	mesa (f)	['meza]
chair	cadeira (f)	[ka'dejra]
bed	cama (f)	['kama]
couch, sofa	sofá, divã (m)	[so'fa], [dʒi'vã]
armchair	poltrona (f)	[pow'trona]
bookcase	estante (f)	[is'tãtʃi]
shelf	prateleira (f)	[prate'lejra]
wardrobe	guarda-roupas (m)	['gwarda 'hopa]
coat rack (wall-mounted ~)	cabide (m) de parede	[ka'bidʒi de pa'redʒi]
coat stand	cabideiro (m) de pé	[kabi'dejru de pɛ]
bureau, dresser	cômoda (f)	['komoda]
coffee table	mesinha (f) de centro	[me'ziɲa de 'sẽtru]
mirror	espelho (m)	[is'peʎu]
carpet	tapete (m)	[ta'petʃi]
rug, small carpet	tapete (m)	[ta'petʃi]
fireplace	lareira (f)	[la'rejra]
candle	vela (f)	['vɛla]
candlestick	castiçal (m)	[kastʃi'saw]
drapes	cortinas (f pl)	[kor'tʃinas]
wallpaper	papel (m) de parede	[pa'pɛw de pa'redʒi]
blinds (jalousie)	persianas (f pl)	[per'sjanas]
table lamp	luminária (f) de mesa	[lumi'narja de 'meza]

wall lamp (sconce)	luminária (f) de parede	[lumi'narja de pa'redʒi]
floor lamp	abajur (m) de pé	[aba'ʒur de 'pɛ]
chandelier	lustre (m)	['lustri]

leg (of chair, table)	pé (m)	[pɛ]
armrest	braço, descanso (m)	['brasu], [dʒis'kãsu]
back (backrest)	costas (f pl)	['kɔstas]
drawer	gaveta (f)	[ga'veta]

65. Bedding

bedclothes	roupa (f) de cama	['hopa de 'kama]
pillow	travesseiro (m)	[trave'sejru]
pillowcase	fronha (f)	['froɲa]
duvet, comforter	cobertor (m)	[kuber'tor]
sheet	lençol (m)	[lẽ'sɔw]
bedspread	colcha (f)	['kowʃa]

66. Kitchen

kitchen	cozinha (f)	[ko'ziɲa]
gas	gás (m)	[gajs]
gas stove (range)	fogão (m) a gás	[fo'gãw a gajs]
electric stove	fogão (m) elétrico	[fo'gãw e'lɛtriku]
oven	forno (m)	['fornu]
microwave oven	forno (m) de micro-ondas	['fornu de mikro'õdas]

refrigerator	geladeira (f)	[ʒela'dejra]
freezer	congelador (m)	[kõʒela'dor]
dishwasher	máquina (f) de lavar louça	['makina de la'var 'losa]

meat grinder	moedor (m) de carne	[moe'dor de 'karni]
juicer	espremedor (m)	[ispreme'dor]
toaster	torradeira (f)	[toha'dejra]
mixer	batedeira (f)	[bate'dejra]

coffee machine	máquina (f) de café	['makina de ka'fɛ]
coffee pot	cafeteira (f)	[kafe'tejra]
coffee grinder	moedor (m) de café	[moe'dor de ka'fɛ]

kettle	chaleira (f)	[ʃa'lejra]
teapot	bule (m)	['buli]
lid	tampa (f)	['tãpa]
tea strainer	coador (m) de chá	[koa'dor de ʃa]

| spoon | colher (f) | [ko'ʎer] |
| teaspoon | colher (f) de chá | [ko'ʎer de ʃa] |

soup spoon	colher (f) de sopa	[ko'ʎer de 'sopa]
fork	garfo (m)	['garfu]
knife	faca (f)	['faka]
tableware (dishes)	louça (f)	['losa]
plate (dinner ~)	prato (m)	['pratu]
saucer	pires (m)	['piris]
shot glass	cálice (m)	['kalisi]
glass (tumbler)	copo (m)	['kɔpu]
cup	xícara (f)	['ʃikara]
sugar bowl	açucareiro (m)	[asuka'rejru]
salt shaker	saleiro (m)	[sa'lejru]
pepper shaker	pimenteiro (m)	[pimẽ'tejru]
butter dish	manteigueira (f)	[mãtej'gejra]
stock pot (soup pot)	panela (f)	[pa'nɛla]
frying pan (skillet)	frigideira (f)	[friʒi'dejra]
ladle	concha (f)	['kõʃa]
colander	coador (m)	[koa'dor]
tray (serving ~)	bandeja (f)	[bã'deʒa]
bottle	garrafa (f)	[ga'hafa]
jar (glass)	pote (m) de vidro	['pɔtʃi de 'vidru]
can	lata (f)	['lata]
bottle opener	abridor (m) de garrafa	[abri'dor de ga'hafa]
can opener	abridor (m) de latas	[abri'dor de 'latas]
corkscrew	saca-rolhas (m)	['saka-'hoʎas]
filter	filtro (m)	['fiwtru]
to filter (vt)	filtrar (vt)	[fiw'trar]
trash, garbage (food waste, etc.)	lixo (m)	['liʃu]
trash can (kitchen ~)	lixeira (f)	[li'ʃejra]

67. Bathroom

bathroom	banheiro (m)	[ba'ɲejru]
water	água (f)	['agwa]
faucet	torneira (f)	[tor'nejra]
hot water	água (f) quente	['agwa 'kẽtʃi]
cold water	água (f) fria	['agwa 'fria]
toothpaste	pasta (f) de dente	['pasta de 'dẽtʃi]
to brush one's teeth	escovar os dentes	[isko'var us 'dẽtʃis]
toothbrush	escova (f) de dente	[is'kova de 'dẽtʃi]
to shave (vi)	barbear-se (vr)	[bar'bjarsi]
shaving foam	espuma (f) de barbear	[is'puma de bar'bjar]

razor	gilete (f)	[ʒi'lɛtʃi]
to wash (one's hands, etc.)	lavar (vt)	[la'var]
to take a bath	tomar banho	[to'mar baɲu]
shower	chuveiro (m), ducha (f)	[ʃu'vejru], ['duʃa]
to take a shower	tomar uma ducha	[to'mar 'uma 'duʃa]
bathtub	banheira (f)	[ba'ɲejra]
toilet (toilet bowl)	vaso (m) sanitário	['vazu sani'tarju]
sink (washbasin)	pia (f)	['pia]
soap	sabonete (m)	[sabo'netʃi]
soap dish	saboneteira (f)	[sabone'tejra]
sponge	esponja (f)	[is'põʒa]
shampoo	xampu (m)	[ʃã'pu]
towel	toalha (f)	[to'aʎa]
bathrobe	roupão (m) de banho	[ho'pãw de 'baɲu]
laundry (laundering)	lavagem (f)	[la'vaʒẽ]
washing machine	lavadora (f) de roupas	[lava'dora de 'hopas]
to do the laundry	lavar a roupa	[la'var a 'hopa]
laundry detergent	detergente (m)	[deter'ʒẽtʃi]

68. Household appliances

TV set	televisor (m)	[televi'zor]
tape recorder	gravador (m)	[grava'dor]
VCR (video recorder)	videogravador (m)	['vidʒju·grava'dor]
radio	rádio (m)	['hadʒju]
player (CD, MP3, etc.)	leitor (m)	[lej'tor]
video projector	projetor (m)	[proʒe'tor]
home movie theater	cinema (m) em casa	[si'nɛma ẽ 'kaza]
DVD player	DVD Player (m)	[deve'de 'plejer]
amplifier	amplificador (m)	[ãplifika'dor]
video game console	console (f) de jogos	[kõ'sɔli de 'ʒogus]
video camera	câmera (f) de vídeo	['kamera de 'vidʒju]
camera (photo)	máquina (f) fotográfica	['makina foto'grafika]
digital camera	câmera (f) digital	['kamera dʒiʒi'taw]
vacuum cleaner	aspirador (m)	[aspira'dor]
iron (e.g., steam ~)	ferro (m) de passar	['fɛhu de pa'sar]
ironing board	tábua (f) de passar	['tabwa de pa'sar]
telephone	telefone (m)	[tele'fɔni]
cell phone	celular (m)	[selu'lar]
typewriter	máquina (f) de escrever	['makina de iskre'ver]
sewing machine	máquina (f) de costura	['makina de kos'tura]
microphone	microfone (m)	[mikro'fɔni]

headphones	**fone** (m) **de ouvido**	[ˈfɔni de oˈvidu]
remote control (TV)	**controle remoto** (m)	[kõˈtroli heˈmɔtu]
CD, compact disc	**CD** (m)	[ˈsede]
cassette, tape	**fita** (f) **cassete**	[ˈfita kaˈsɛtʃi]
vinyl record	**disco** (m) **de vinil**	[ˈdʒisku de viˈniw]

HUMAN ACTIVITIES

Job. Business. Part 1

69. Office. Working in the office

office (company ~)	escritório (m)	[iskri'tɔrju]
office (of director, etc.)	escritório (m)	[iskri'tɔrju]
reception desk	recepção (f)	[hesep'sãw]
secretary	secretário (m)	[sekre'tarju]
secretary (fem.)	secretária (f)	[sekre'tarja]
director	diretor (m)	[dʒire'tor]
manager	gerente (m)	[ʒe'rẽtʃi]
accountant	contador (m)	[kõta'dɔr]
employee	empregado (m)	[ẽpre'gadu]
furniture	mobiliário (m)	[mobi'ljarju]
desk	mesa (f)	['meza]
desk chair	cadeira (f)	[ka'dejra]
drawer unit	gaveteiro (m)	[gave'tejru]
coat stand	cabideiro (m) de pé	[kabi'dejru de pɛ]
computer	computador (m)	[kõputa'dor]
printer	impressora (f)	[ĩpre'sora]
fax machine	fax (m)	[faks]
photocopier	fotocopiadora (f)	[fotokopja'dora]
paper	papel (m)	[pa'pɛw]
office supplies	artigos (m pl) de escritório	[ar'tʃigus de iskri'tɔrju]
mouse pad	tapete (m) para mouse	[ta'petʃi 'para 'mawz]
sheet (of paper)	folha (f)	['foʎa]
binder	pasta (f)	['pasta]
catalog	catálogo (m)	[ka'talogu]
phone directory	lista (f) telefônica	['lista tele'fonika]
documentation	documentação (f)	[dokumẽta'sãw]
brochure (e.g., 12 pages ~)	brochura (f)	[bro'ʃura]
leaflet (promotional ~)	panfleto (m)	[pã'fletu]
sample	amostra (f)	[a'mɔstra]
training meeting	formação (f)	[forma'sãw]
meeting (of managers)	reunião (f)	[heu'njãw]
lunch time	hora (f) de almoço	['ɔra de aw'mosu]

to make a copy	fazer uma cópia	[fa'zer 'uma 'kɔpja]
to make multiple copies	tirar cópias	[tʃi'rar 'kɔpjas]
to receive a fax	receber um fax	[hese'ber ũ faks]
to send a fax	enviar um fax	[ẽ'vjar ũ faks]

to call (by phone)	fazer uma chamada	[fa'zer 'uma ʃa'mada]
to answer (vt)	responder (vt)	[hespõ'der]
to put through	passar (vt)	[pa'sar]

to arrange, to set up	marcar (vt)	[mar'kar]
to demonstrate (vt)	demonstrar (vt)	[demõs'trar]
to be absent	estar ausente	[is'tar aw'zẽtʃi]
absence	ausência (f)	[aw'zẽsja]

70. Business processes. Part 1

business	negócio (m)	[ne'gɔsju]
occupation	ocupação (f)	[okupa'sãw]
firm	firma, empresa (f)	['firma], [ẽ'preza]
company	companhia (f)	[kõpa'ɲia]
corporation	corporação (f)	[korpora'sãw]
enterprise	empresa (f)	[ẽ'preza]
agency	agência (f)	[a'ʒẽsja]

agreement (contract)	acordo (m)	[a'kordu]
contract	contrato (m)	[kõ'tratu]
deal	acordo (m)	[a'kordu]
order (to place an ~)	pedido (m)	[pe'dʒidu]
terms (of the contract)	termos (m pl)	['termus]

wholesale (adv)	por atacado	[por ata'kadu]
wholesale (adj)	por atacado	[por atak'adu]
wholesale (n)	venda (f) por atacado	['vẽda pur ata'kadu]
retail (adj)	a varejo	[a va'reʒu]
retail (n)	venda (f) a varejo	['vẽda a va'reʒu]

competitor	concorrente (m)	[kõko'hẽtʃi]
competition	concorrência (f)	[kõko'hẽsja]
to compete (vi)	competir (vi)	[kõpe'tʃir]

| partner (associate) | sócio (m) | ['sɔsju] |
| partnership | parceria (f) | [parse'ria] |

crisis	crise (f)	['krizi]
bankruptcy	falência (f)	[fa'lẽsja]
to go bankrupt	entrar em falência	[ẽ'trar ẽ fa'lẽsja]
difficulty	dificuldade (f)	[dʒifikuw'dadʒi]
problem	problema (m)	[prob'lɛma]
catastrophe	catástrofe (f)	[ka'tastrofi]
economy	economia (f)	[ekono'mia]

English	Portuguese	Pronunciation
economic (~ growth)	econômico	[eko'nomiku]
economic recession	recessão (f) econômica	[hesep'sãw eko'nomika]
goal (aim)	objetivo (m)	[obʒe'tʃivu]
task	tarefa (f)	[ta'rɛfa]
to trade (vi)	comerciar (vi, vt)	[komer'sjar]
network (distribution ~)	rede (f), cadeia (f)	['hedʒi], [ka'deja]
inventory (stock)	estoque (m)	[is'tɔki]
range (assortment)	sortimento (m)	[sortʃi'mẽtu]
leader (leading company)	líder (m)	['lider]
large (~ company)	grande	['grãdʒi]
monopoly	monopólio (m)	[mono'pɔlju]
theory	teoria (f)	[teo'ria]
practice	prática (f)	['pratʃika]
experience (in my ~)	experiência (f)	[ispe'rjẽsja]
trend (tendency)	tendência (f)	[tẽ'dẽsja]
development	desenvolvimento (m)	[dʒizẽvowvi'mẽtu]

71. Business processes. Part 2

English	Portuguese	Pronunciation
profit (foregone ~)	rentabilidade (f)	[hẽtabili'dadʒi]
profitable (~ deal)	rentável	[hẽ'tavew]
delegation (group)	delegação (f)	[delega'sãw]
salary	salário, ordenado (m)	[sa'larju], [orde'nadu]
to correct (an error)	corrigir (vt)	[kohi'ʒir]
business trip	viagem (f) de negócios	['vjaʒẽ de ne'gɔsjus]
commission	comissão (f)	[komi'sãw]
to control (vt)	controlar (vt)	[kõtro'lar]
conference	conferência (f)	[kõfe'rẽsja]
license	licença (f)	[li'sẽsa]
reliable (~ partner)	confiável	[kõ'fjavew]
initiative (undertaking)	empreendimento (m)	[ẽprjẽdʒi'mẽtu]
norm (standard)	norma (f)	['nɔrma]
circumstance	circunstância (f)	[sirkũ'stãsja]
duty (of employee)	dever (m)	[de'ver]
organization (company)	empresa (f)	[ẽ'preza]
organization (process)	organização (f)	[organiza'sãw]
organized (adj)	organizado	[organi'zadu]
cancellation	anulação (f)	[anula'sãw]
to cancel (call off)	anular, cancelar (vt)	[anu'lar], [kãse'lar]
report (official ~)	relatório (m)	[hela'tɔrju]
patent	patente (f)	[pa'tẽtʃi]
to patent (obtain patent)	patentear (vt)	[patẽ'tʃjar]

to plan (vt)	**planejar** (vt)	[plane'ʒar]
bonus (money)	**bônus** (m)	['bonus]
professional (adj)	**profissional**	[profisjo'naw]
procedure	**procedimento** (m)	[prosedʒi'mẽtu]
to examine (contract, etc.)	**examinar** (vt)	[ezami'nar]
calculation	**cálculo** (m)	['kawkulu]
reputation	**reputação** (f)	[reputa'sãw]
risk	**risco** (m)	['hisku]
to manage, to run	**dirigir** (vt)	[dʒiri'ʒir]
information (report)	**informação** (f)	[ĩforma'sãw]
property	**propriedade** (f)	[proprje'dadʒi]
union	**união** (f)	[u'njãw]
life insurance	**seguro** (m) **de vida**	[se'guru de 'vida]
to insure (vt)	**fazer um seguro**	[fa'zer ũ se'guru]
insurance	**seguro** (m)	[se'guru]
auction (~ sale)	**leilão** (m)	[lej'lãw]
to notify (inform)	**notificar** (vt)	[notʃifi'kar]
management (process)	**gestão** (f)	[ʒes'tãw]
service (~ industry)	**serviço** (m)	[ser'visu]
forum	**fórum** (m)	['forũ]
to function (vi)	**funcionar** (vi)	[fũsjo'nar]
stage (phase)	**estágio** (m)	[is'taʒu]
legal (~ services)	**jurídico, legal**	[ʒu'ridʒiku], [le'gaw]
lawyer (legal advisor)	**advogado** (m)	[adʒivo'gadu]

72. Production. Works

plant	**usina** (f)	[u'zina]
factory	**fábrica** (f)	['fabrika]
workshop	**oficina** (f)	[ofi'sina]
works, production site	**local** (m) **de produção**	[lo'kaw de produ'sãw]
industry (manufacturing)	**indústria** (f)	[ĩ'dustrja]
industrial (adj)	**industrial**	[ĩdus'trjaw]
heavy industry	**indústria** (f) **pesada**	[ĩ'dustrja pe'zada]
light industry	**indústria** (f) **ligeira**	[ĩ'dustrja li'ʒejra]
products	**produção** (f)	[produ'sãw]
to produce (vt)	**produzir** (vt)	[produ'zir]
raw materials	**matérias-primas** (f pl)	[ma'tɛrjas 'primas]
foreman (construction ~)	**chefe** (m) **de obras**	['ʃɛfi de 'ɔbras]
workers team (crew)	**equipe** (f)	[e'kipi]
worker	**operário** (m)	[ope'rarju]
working day	**dia** (m) **de trabalho**	['dʒia de tra'baʎu]

pause (rest break)	**intervalo** (m)	[ĩter'valu]
meeting	**reunião** (f)	[heu'njãw]
to discuss (vt)	**discutir** (vt)	[dʒisku'tʃir]

plan	**plano** (m)	['planu]
to fulfill the plan	**cumprir o plano**	[kũ'prir u 'planu]
rate of output	**taxa** (f) **de produção**	['taʃa de produ'sãw]
quality	**qualidade** (f)	[kwali'dadʒi]
control (checking)	**controle** (m)	[kõ'troli]
quality control	**controle** (m) **da qualidade**	[kõ'troli da kwali'dadʒi]

workplace safety	**segurança** (f) **no trabalho**	[segu'rãsa nu tra'baʎu]
discipline	**disciplina** (f)	[dʒisi'plina]
violation (of safety rules, etc.)	**infração** (f)	[ĩfra'sãw]
to violate (rules)	**violar** (vt)	[vjo'lar]

strike	**greve** (f)	['grɛvi]
striker	**grevista** (m)	[gre'vista]
to be on strike	**estar em greve**	[is'tar ẽ 'grɛvi]
labor union	**sindicato** (m)	[sĩdʒi'katu]

to invent (machine, etc.)	**inventar** (vt)	[ĩvẽ'tar]
invention	**invenção** (f)	[ĩvẽ'sãw]
research	**pesquisa** (f)	[pes'kiza]
to improve (make better)	**melhorar** (vt)	[meʎo'rar]
technology	**tecnologia** (f)	[teknolo'ʒia]
technical drawing	**desenho** (m) **técnico**	[de'zɛɲu 'tɛkniku]

load, cargo	**carga** (f)	['karga]
loader (person)	**carregador** (m)	[kahega'dor]
to load (vehicle, etc.)	**carregar** (vt)	[kahe'gar]
loading (process)	**carregamento** (m)	[kahega'mẽtu]

to unload (vi, vt)	**descarregar** (vt)	[dʒiskahe'gar]
unloading	**descarga** (f)	[dʒis'karga]

transportation	**transporte** (m)	[trãs'pɔrtʃi]
transportation company	**companhia** (f) **de transporte**	[kõpa'ɲia de trãs'pɔrtʃi]
to transport (vt)	**transportar** (vt)	[trãspor'tar]

freight car	**vagão** (m) **de carga**	[va'gãw de 'karga]
tank (e.g., oil ~)	**tanque** (m)	['tãki]
truck	**caminhão** (m)	[kami'ɲãw]

machine tool	**máquina** (f) **operatriz**	['makina opera'triz]
mechanism	**mecanismo** (m)	[meka'nizmu]

industrial waste	**resíduos** (m pl) **industriais**	[he'zidwus ĩdus'trjajs]
packing (process)	**embalagem** (f)	[ẽba'laʒẽ]
to pack (vt)	**embalar** (vt)	[ẽba'lar]

73. Contract. Agreement

contract	contrato (m)	[kõ'tratu]
agreement	acordo (m)	[a'kordu]
addendum	anexo (m)	[a'nɛksu]
to sign a contract	assinar o contrato	[asi'nar u kõ'tratu]
signature	assinatura (f)	[asina'tura]
to sign (vt)	assinar (vt)	[asi'nar]
seal (stamp)	carimbo (m)	[ka'rĩbu]
subject of the contract	objeto (m) do contrato	[ob'ʒɛtu du kõ'tratu]
clause	cláusula (f)	['klawzula]
parties (in contract)	partes (f pl)	['partʃis]
legal address	domicílio (m) legal	[domi'silju le'gaw]
to violate the contract	violar o contrato	[vjo'lar u kõ'tratu]
commitment (obligation)	obrigação (f)	[obriga'sãw]
responsibility	responsabilidade (f)	[hespõsabili'dadʒi]
force majeure	força (f) maior	['forsa ma'jɔr]
dispute	litígio (m), disputa (f)	[li'tʃiʒju], [dʒis'puta]
penalties	multas (f pl)	['muwtas]

74. Import & Export

import	importação (f)	[ĩporta'sãw]
importer	importador (m)	[ĩporta'dor]
to import (vt)	importar (vt)	[ĩpor'tar]
import (as adj.)	de importação	[de ĩporta'sãw]
export (exportation)	exportação (f)	[isporta'sãw]
exporter	exportador (m)	[isporta'dor]
to export (vi, vt)	exportar (vt)	[ispor'tar]
export (as adj.)	de exportação	[de isporta'sãw]
goods (merchandise)	mercadoria (f)	[merkado'ria]
consignment, lot	lote (m)	['lotʃi]
weight	peso (m)	['pezu]
volume	volume (m)	[vo'lumi]
cubic meter	metro (m) cúbico	['mɛtru 'kubiku]
manufacturer	produtor (m)	[produ'tor]
transportation company	companhia (f) de transporte	[kõpa'ɲia de trãs'pɔrtʃi]
container	contêiner (m)	[kõ'tejner]
border	fronteira (f)	[frõ'tejra]
customs	alfândega (f)	[aw'fãdʒiga]

customs duty	taxa (f) alfandegária	['taʃa awfãde'garja]
customs officer	funcionário (m) da alfândega	[fũsjo'narju da aw'fãdʒiga]
smuggling	contrabando (m)	[kõtra'bãdu]
contraband (smuggled goods)	contrabando (m)	[kõtra'bãdu]

75. Finances

stock (share)	ação (f)	[a'sãw]
bond (certificate)	obrigação (f)	[obriga'sãw]
promissory note	nota (f) promissória	['nɔta promi'sɔrja]
stock exchange	bolsa (f) de valores	['bowsa de va'lores]
stock price	cotação (m) das ações	[kota'sãw das a'sõjs]
to go down (become cheaper)	tornar-se mais barato	[tor'narsi majs ba'ratu]
to go up (become more expensive)	tornar-se mais caro	[tor'narsi majs 'karu]
share	parte (f)	['partʃi]
controlling interest	participação (f) majoritária	[partʃisipa'sãw maʒori'tarja]
investment	investimento (m)	[ĩvestʃi'mẽtu]
to invest (vt)	investir (vt)	[ĩves'tʃir]
percent	porcentagem (f)	[porsẽ'taʒẽ]
interest (on investment)	juros (m pl)	['ʒurus]
profit	lucro (m)	['lukru]
profitable (adj)	lucrativo	[lukra'tʃivu]
tax	imposto (m)	[ĩ'postu]
currency (foreign ~)	divisa (f)	[dʒi'viza]
national (adj)	nacional	[nasjo'naw]
exchange (currency ~)	câmbio (m)	['kãbju]
accountant	contador (m)	[kõta'dɔr]
accounting	contabilidade (f)	[kõtabili'dadʒi]
bankruptcy	falência (f)	[fa'lẽsja]
collapse, crash	falência, quebra (f)	[fa'lẽsja], ['kɛbra]
ruin	ruína (f)	['hwina]
to be ruined (financially)	estar quebrado	[is'tar ke'bradu]
inflation	inflação (f)	[ĩfla'sãw]
devaluation	desvalorização (f)	[dʒizvaloriza'sãw]
capital	capital (m)	[kapi'taw]
income	rendimento (m)	[hẽdʒi'mẽtu]
turnover	volume (m) de negócios	[vo'lumi de ne'gɔsjus]

resources	recursos (m pl)	[he'kursus]
monetary resources	recursos (m pl) financeiros	[he'kursus finã'sejrus]
overhead	despesas (f pl) gerais	[dʒis'pezas ʒe'rajs]
to reduce (expenses)	reduzir (vt)	[hedu'zir]

76. Marketing

marketing	marketing (m)	['marketʃĩn]
market	mercado (m)	[mer'kadu]
market segment	segmento (m) do mercado	[sɛg'mẽtu du mer'kadu]
product	produto (m)	[pru'dutu]
goods (merchandise)	mercadoria (f)	[merkado'ria]

brand	marca (f)	['marka]
trademark	marca (f) registrada	['marka heʒis'trada]
logotype	logotipo (m)	[logo'tʃipu]
logo	logo (m)	['lɔgu]

demand	demanda (f)	[de'mãda]
supply	oferta (f)	[ɔ'fɛrta]
need	necessidade (f)	[nesesi'dadʒi]
consumer	consumidor (m)	[kõsumi'dor]

analysis	análise (f)	[a'nalizi]
to analyze (vt)	analisar (vt)	[anali'zar]
positioning	posicionamento (m)	[pozisjona'mẽtu]
to position (vt)	posicionar (vt)	[pozisjo'nar]

price	preço (m)	['presu]
pricing policy	política (f) de preços	[po'litʃika de 'presus]
price formation	formação (f) de preços	[forma'sãw de 'presus]

77. Advertising

advertising	publicidade (f)	[publisi'dadʒi]
to advertise (vt)	fazer publicidade	[fa'zer publisi'dadʒi]
budget	orçamento (m)	[orsa'mẽtu]

ad, advertisement	anúncio (m)	[a'nũsju]
TV advertising	publicidade (f) televisiva	[publisi'dadʒi televi'ziva]
radio advertising	publicidade (f) na rádio	[publisi'dadʒi na 'hadʒju]
outdoor advertising	publicidade (f) exterior	[publisi'dadʒi iste'rjor]

mass media	comunicação (f) de massa	[komunika'sãw de 'masa]
periodical (n)	periódico (m)	[pe'rjɔdʒiku]
image (public appearance)	imagem (f)	[i'maʒẽ]
slogan	slogan (m)	[iz'lɔgã]

motto (maxim)	mote (m), lema (f)	['mɔtʃi], ['lɛma]
campaign	campanha (f)	[kã'paɲa]
advertising campaign	campanha (f) publicitária	[kã'paɲa publisi'tarja]
target group	grupo (m) alvo	['grupu 'awvu]
business card	cartão (m) de visita	[kar'tãw de vi'zita]
leaflet (promotional ~)	panfleto (m)	[pã'fletu]
brochure (e.g., 12 pages ~)	brochura (f)	[bro'ʃura]
pamphlet	folheto (m)	[fo'ʎetu]
newsletter	boletim (m)	[bole'tʃĩ]
signboard (store sign, etc.)	letreiro (m)	[le'trejru]
poster	pôster (m)	['poster]
billboard	painel (m) publicitário	[paj'nɛw publisi'tarju]

78. Banking

bank	banco (m)	['bãku]
branch (of bank, etc.)	balcão (f)	[baw'kãw]
bank clerk, consultant	consultor (m) bancário	[kõsuw'tor bã'karju]
manager (director)	gerente (m)	[ʒe'rẽtʃi]
bank account	conta (f)	['kõta]
account number	número (m) da conta	['numeru da 'kõta]
checking account	conta (f) corrente	['kõta ko'hẽtʃi]
savings account	conta (f) poupança	['kõta po'pãsa]
to open an account	abrir uma conta	[a'brir 'uma 'kõta]
to close the account	fechar uma conta	[fe'ʃar 'uma 'kõta]
to deposit into the account	depositar na conta	[depozi'tar na 'kõta]
to withdraw (vt)	sacar (vt)	[sa'kar]
deposit	depósito (m)	[de'pozitu]
to make a deposit	fazer um depósito	[fa'zer ũ de'pozitu]
wire transfer	transferência (f) bancária	[trãsfe'rẽsja bã'karja]
to wire, to transfer	transferir (vt)	[trãsfe'rir]
sum	soma (f)	['sɔma]
How much?	Quanto?	['kwãtu]
signature	assinatura (f)	[asina'tura]
to sign (vt)	assinar (vt)	[asi'nar]
credit card	cartão (m) de crédito	[kar'tãw de 'krɛdʒitu]
code (PIN code)	senha (f)	['sɛɲa]
credit card number	número (m) do cartão de crédito	['numeru du kar'tãw de 'krɛdʒitu]
ATM	caixa (m) eletrônico	['kaɪʃa ele'troniku]

English	Portuguese	Pronunciation
check	cheque (m)	[ˈʃɛki]
to write a check	passar um cheque	[paˈsar ũ ˈʃɛki]
checkbook	talão (m) de cheques	[taˈlãw de ˈʃɛkis]
loan (bank ~)	empréstimo (m)	[ẽˈprɛstʃimu]
to apply for a loan	pedir um empréstimo	[peˈdʒir ũ ẽˈprɛstʃimu]
to get a loan	obter empréstimo	[obˈter ẽˈprɛstʃimu]
to give a loan	dar um empréstimo	[dar ũ ẽˈprɛstʃimu]
guarantee	garantia (f)	[garãˈtʃia]

79. Telephone. Phone conversation

telephone	telefone (m)	[teleˈfɔni]
cell phone	celular (m)	[seluˈlar]
answering machine	secretária (f) eletrônica	[sekreˈtarja eleˈtronika]
to call (by phone)	fazer uma chamada	[faˈzer ˈuma ʃaˈmada]
phone call	chamada (f)	[ʃaˈmada]
to dial a number	discar um número	[dʒisˈkar ũ ˈnumeru]
Hello!	Alô!	[aˈlo]
to ask (vt)	perguntar (vt)	[pergũˈtar]
to answer (vi, vt)	responder (vt)	[hespõˈder]
to hear (vt)	ouvir (vt)	[oˈvir]
well (adv)	bem	[bẽj]
not well (adv)	mal	[maw]
noises (interference)	ruído (m)	[ˈhwidu]
receiver	fone (m)	[ˈfɔni]
to pick up (~ the phone)	pegar o telefone	[peˈgar u teleˈfɔni]
to hang up (~ the phone)	desligar (vi)	[dʒizliˈgar]
busy (engaged)	ocupado	[okuˈpadu]
to ring (ab. phone)	tocar (vi)	[toˈkar]
telephone book	lista (f) telefônica	[ˈlista teleˈfonika]
local (adj)	local	[loˈkaw]
local call	chamada (f) local	[ʃaˈmada loˈkaw]
long distance (~ call)	de longa distância	[ˈde ˈlõgu dʒisˈtãsja]
long-distance call	chamada (f) de longa distância	[ʃaˈmada de ˈlõgu dʒisˈtãsja]
international (adj)	internacional	[ĩternasjoˈnaw]
international call	chamada (f) internacional	[ʃaˈmada ĩternasjoˈnaw]

80. Cell phone

English	Portuguese	Pronunciation
cell phone	celular (m)	[seluˈlar]
display	tela (f)	[ˈtɛla]

| button | botão (m) | [bo'tãw] |
| SIM card | cartão SIM (m) | [kar'tãw sim] |

battery	bateria (f)	[bate'ria]
to be dead (battery)	descarregar-se (vr)	[dʒiskahe'garsi]
charger	carregador (m)	[kahega'dor]

menu	menu (m)	[me'nu]
settings	configurações (f pl)	[kõfigura'sõjs]
tune (melody)	melodia (f)	[melo'dʒia]
to select (vt)	escolher (vt)	[isko'ʎer]

calculator	calculadora (f)	[kawkula'dora]
voice mail	correio (m) de voz	[ko'heju de vɔz]
alarm clock	despertador (m)	[dʒisperta'dor]
contacts	contatos (m pl)	[kõ'tatus]

| SMS (text message) | mensagem (f) de texto | [mẽ'saʒẽ de 'testu] |
| subscriber | assinante (m) | [asi'nãtʃi] |

81. Stationery

| ballpoint pen | caneta (f) | [ka'neta] |
| fountain pen | caneta (f) tinteiro | [ka'neta tʃi'tejru] |

pencil	lápis (m)	['lapis]
highlighter	marcador (m) de texto	[marka'dor de 'testu]
felt-tip pen	caneta (f) hidrográfica	[ka'neta idro'grafika]

| notepad | bloco (m) de notas | ['blɔku de 'nɔtas] |
| agenda (diary) | agenda (f) | [a'ʒẽda] |

ruler	régua (f)	['hɛgwa]
calculator	calculadora (f)	[kawkula'dora]
eraser	borracha (f)	[bo'haʃa]
thumbtack	alfinete (m)	[awfi'netʃi]
paper clip	clipe (m)	['klipi]

glue	cola (f)	['kɔla]
stapler	grampeador (m)	[grãpja'dor]
hole punch	furador (m) de papel	[fura'dor de pa'pɛw]
pencil sharpener	apontador (m)	[apõta'dor]

82. Kinds of business

| accounting services | serviços (m pl) de contabilidade | [ser'visus de kõtabili'dadʒi] |
| advertising | publicidade (f) | [publisi'dadʒi] |

English	Portuguese	Pronunciation
advertising agency	agência (f) de publicidade	[a'ʒẽsja de publisi'dadʒi]
air-conditioners	ar (m) condicionado	[ar kõdʒisjo'nadu]
airline	companhia (f) aérea	[kõpa'ɲia a'erja]
alcoholic beverages	bebidas (f pl) alcoólicas	[be'bidas aw'kɔlikas]
antiques (antique dealers)	comércio (m) de antiguidades	[ko'mɛrsju de ãtʃigwi'dadʒi]
art gallery (contemporary ~)	galeria (f) de arte	[gale'ria de 'artʃi]
audit services	serviços (m pl) de auditoria	[ser'visus de awdʒito'ria]
banking industry	negócios (m pl) bancários	[ne'gɔsjus bã'karjus]
bar	bar (m)	[bar]
beauty parlor	salão (m) de beleza	[sa'lãw de be'leza]
bookstore	livraria (f)	[livra'ria]
brewery	cervejaria (f)	[serveʒa'ria]
business center	centro (m) de escritórios	['sẽtru de iskri'tɔrjus]
business school	escola (f) de negócios	[is'kɔla de ne'gɔsjus]
casino	cassino (m)	[ka'sinu]
construction	construção (f)	[kõstru'sãw]
consulting	consultoria (f)	[kõsuwto'ria]
dental clinic	clínica (f) dentária	['klinika dẽ'tarja]
design	design (m)	[dʒi'zãjn]
drugstore, pharmacy	drogaria (f)	[droga'ria]
dry cleaners	lavanderia (f)	[lavãde'ria]
employment agency	agência (f) de emprego	[a'ʒẽsja de ẽ'pregu]
financial services	serviços (m pl) financeiros	[ser'visus finã'sejrus]
food products	alimentos (m pl)	[ali'mẽtus]
funeral home	casa (f) funerária	['kaza fune'raria]
furniture (e.g., house ~)	mobiliário (m)	[mobi'ljarju]
clothing, garment	roupa (f)	['hopa]
hotel	hotel (m)	[o'tɛw]
ice-cream	sorvete (m)	[sor'vetʃi]
industry (manufacturing)	indústria (f)	[ĩ'dustrja]
insurance	seguro (m)	[se'guru]
Internet	internet (f)	[ĩter'nɛtʃi]
investments (finance)	investimento (m)	[ĩvestʃi'mẽtu]
jeweler	joalheiro (m)	[ʒoa'ʎejru]
jewelry	joias (f pl)	['ʒɔjas]
laundry (shop)	lavanderia (f)	[lavãde'ria]
legal advisor	assessorias (f pl) jurídicas	[aseso'rias ʒu'ridʒikas]
light industry	indústria (f) ligeira	[ĩ'dustrja li'ʒejra]
magazine	revista (f)	[he'vista]
mail order selling	vendas (f pl) por catálogo	['vẽdas por ka'talogu]
medicine	medicina (f)	[medʒi'sina]

English	Portuguese	Pronunciation
movie theater	cinema (m)	[si'nɛma]
museum	museu (m)	[mu'zew]
news agency	agência (f) de notícias	[a'ʒẽsja de no'tʃisjas]
newspaper	jornal (m)	[ʒor'naw]
nightclub	boate (f)	['bwatʃi]
oil (petroleum)	petróleo (m)	[pe'trɔlju]
courier services	serviços (m pl) de remessa	[ser'visus de he'mɛsa]
pharmaceutics	indústria (f) farmacêutica	[ĩ'dustrja farma'sewtʃiku]
printing (industry)	tipografia (f)	[tʃipogra'fia]
publishing house	editora (f)	[edʒi'tora]
radio (~ station)	rádio (m)	['hadʒju]
real estate	imobiliário (m)	[imobi'ljarju]
restaurant	restaurante (m)	[hestaw'rãtʃi]
security company	empresa (f) de segurança	[ẽ'preza de segu'rãsa]
sports	esporte (m)	[is'pɔrtʃi]
stock exchange	bolsa (f) de valores	['bowsa de va'lores]
store	loja (f)	['lɔʒa]
supermarket	supermercado (m)	[supermer'kadu]
swimming pool (public ~)	piscina (f)	[pi'sina]
tailor shop	alfaiataria (f)	[awfajata'ria]
television	televisão (f)	[televi'zãw]
theater	teatro (m)	['tʃjatru]
trade (commerce)	comércio (m)	[ko'mɛrsju]
transportation	serviços (m pl) de transporte	[ser'visus de trãs'pɔrtʃi]
travel	viagens (f pl)	['vjaʒẽs]
veterinarian	veterinário (m)	[veteri'narju]
warehouse	armazém (m)	[arma'zẽj]
waste collection	recolha (f) do lixo	[he'kɔʎa du 'liʃu]

Job. Business. Part 2

83. Show. Exhibition

exhibition, show	**feira, exposição** (f)	['fejra], [ispozi'sãw]
trade show	**feira** (f) **comercial**	['fejra komer'sjaw]
participation	**participação** (f)	[partʃisipa'sãw]
to participate (vi)	**participar** (vi)	[partʃisi'par]
participant (exhibitor)	**participante** (m)	[partʃisi'pãtʃi]
director	**diretor** (m)	[dʒire'tor]
organizers' office	**direção** (f)	[dʒire'sãw]
organizer	**organizador** (m)	[organiza'dor]
to organize (vt)	**organizar** (vt)	[organi'zar]
participation form	**ficha** (f) **de inscrição**	['fiʃa de ĩskri'sãw]
to fill out (vt)	**preencher** (vt)	[preẽ'ʃer]
details	**detalhes** (m pl)	[de'taʎis]
information	**informação** (f)	[ĩforma'sãw]
price (cost, rate)	**preço** (m)	['presu]
including	**incluindo**	[ĩklw'ĩdu]
to include (vt)	**incluir** (vt)	[ĩ'klwir]
to pay (vi, vt)	**pagar** (vt)	[pa'gar]
registration fee	**taxa** (f) **de inscrição**	['taʃa de ĩskri'sãw]
entrance	**entrada** (f)	[ẽ'trada]
pavilion, hall	**pavilhão** (m), **salão** (f)	[pavi'ʎãw], [sa'lãw]
to register (vt)	**inscrever** (vt)	[ĩskre'ver]
badge (identity tag)	**crachá** (m)	[kra'ʃa]
booth, stand	**stand** (m)	[stɛnd]
to reserve, to book	**reservar** (vt)	[hezer'var]
display case	**vitrine** (f)	[vi'trini]
spotlight	**lâmpada** (f)	['lãpada]
design	**design** (m)	[dʒi'zãjn]
to place (put, set)	**pôr, colocar** (vt)	[por], [kolo'kar]
distributor	**distribuidor** (m)	[dʒistribwi'dor]
supplier	**fornecedor** (m)	[fornese'dor]
to supply (vt)	**fornecer** (vt)	[forne'ser]
country	**país** (m)	[pa'jis]
foreign (adj)	**estrangeiro**	[istrã'ʒejru]

product	produto (m)	[pru'dutu]
association	associação (f)	[asosja'sãw]
conference hall	sala (f) de conferência	['sala de kõfe'rẽsja]
congress	congresso (m)	[kõ'grɛsu]
contest (competition)	concurso (m)	[kõ'kursu]

visitor (attendee)	visitante (m)	[vizi'tãtʃi]
to visit (attend)	visitar (vt)	[vizi'tar]
customer	cliente (m)	['kljẽtʃi]

84. Science. Research. Scientists

science	ciência (f)	['sjẽsja]
scientific (adj)	científico	[sjẽ'tʃifiku]
scientist	cientista (m)	[sjẽ'tʃista]
theory	teoria (f)	[teo'ria]

axiom	axioma (m)	[a'sjɔma]
analysis	análise (f)	[a'nalizi]
to analyze (vt)	analisar (vt)	[anali'zar]
argument (strong ~)	argumento (m)	[argu'mẽtu]
substance (matter)	substância (f)	[sub'stãsja]

hypothesis	hipótese (f)	[i'pɔtezi]
dilemma	dilema (m)	[dʒi'lɛma]
dissertation	tese (f)	['tɛzi]
dogma	dogma (m)	['dɔgma]

doctrine	doutrina (f)	[do'trina]
research	pesquisa (f)	[pes'kiza]
to research (vt)	pesquisar (vt)	[peski'zar]
tests (laboratory ~)	testes (m pl)	['tɛstʃis]
laboratory	laboratório (m)	[labora'tɔrju]

method	método (m)	['mɛtodu]
molecule	molécula (f)	[mo'lɛkula]
monitoring	monitoramento (m)	[monitora'mẽtu]
discovery (act, event)	descoberta (f)	[dʒisko'bɛrta]

postulate	postulado (m)	[postu'ladu]
principle	princípio (m)	[prĩ'sipju]
forecast	prognóstico (m)	[prog'nɔstʃiku]
to forecast (vt)	prognosticar (vt)	[prognostʃi'kar]

synthesis	síntese (f)	['sĩtezi]
trend (tendency)	tendência (f)	[tẽ'dẽsja]
theorem	teorema (m)	[teo'rɛma]

| teachings | ensinamentos (m pl) | [ẽsina'mẽtus] |
| fact | fato (m) | ['fatu] |

expedition	**expedição** (f)	[ispedʒi'sãw]
experiment	**experiência** (f)	[ispe'rjẽsja]
academician	**acadêmico** (m)	[aka'demiku]
bachelor (e.g., ~ of Arts)	**bacharel** (m)	[baʃa'rɛw]
doctor (PhD)	**doutor** (m)	[do'tor]
Associate Professor	**professor** (m) **associado**	[profe'sor aso'sjadu]
Master (e.g., ~ of Arts)	**mestrado** (m)	[mes'trado]
professor	**professor** (m)	[profe'sor]

Professions and occupations

85. Job search. Dismissal

job	trabalho (m)	[tra'baʎu]
staff (work force)	equipe (f)	[e'kipi]
personnel	pessoal (m)	[pe'swaw]
career	carreira (f)	[ka'hejra]
prospects (chances)	perspectivas (f pl)	[perspek'tʃivas]
skills (mastery)	habilidades (f pl)	[abili'dadʒis]
selection (screening)	seleção (f)	[sele'sãw]
employment agency	agência (f) de emprego	[a'ʒẽsja de ẽ'pregu]
résumé	currículo (m)	[ku'hikulu]
job interview	entrevista (f) de emprego	[ẽtre'vista de ẽ'pregu]
vacancy, opening	vaga (f)	['vaga]
salary, pay	salário (m)	[sa'larju]
fixed salary	salário (m) fixo	[sa'larju 'fiksu]
pay, compensation	pagamento (m)	[paga'mẽtu]
position (job)	cargo (m)	['kargu]
duty (of employee)	dever (m)	[de'ver]
range of duties	gama (f) de deveres	['gama de de'veris]
busy (I'm ~)	ocupado	[oku'padu]
to fire (dismiss)	despedir, demitir (vt)	[dʒispe'dʒir], [demi'tʃir]
dismissal	demissão (f)	[demi'sãw]
unemployment	desemprego (m)	[dʒizẽ'pregu]
unemployed (n)	desempregado (m)	[dʒizẽpre'gadu]
retirement	aposentadoria (f)	[apozẽtado'ria]
to retire (from job)	aposentar-se (vr)	[apozẽ'tarsi]

86. Business people

director	diretor (m)	[dʒire'tor]
manager (director)	gerente (m)	[ʒe'rẽtʃi]
boss	patrão, chefe (m)	[pa'trãw], ['ʃɛfi]
superior	superior (m)	[supe'rjor]
superiors	superiores (m pl)	[supe'rjores]
president	presidente (m)	[prezi'dẽtʃi]

chairman	chairman, presidente (m)	['tʃɛamen], [prezi'dẽtʃi]
deputy (substitute)	substituto (m)	[substi'tutu]
assistant	assistente (m)	[asis'tẽtʃi]
secretary	secretário (m)	[sekre'tarju]
personal assistant	secretário (m) pessoal	[sekre'tarju pe'swaw]
businessman	homem (m) de negócios	['ɔmẽ de ne'gɔsjus]
entrepreneur	empreendedor (m)	[ẽprjẽde'dor]
founder	fundador (m)	[fũda'dor]
to found (vt)	fundar (vt)	[fũ'dar]
incorporator	principiador (m)	[prĩsipja'dor]
partner	parceiro, sócio (m)	[par'sejru], ['sɔsju]
stockholder	acionista (m)	[asjo'nista]
millionaire	milionário (m)	[miljo'narju]
billionaire	bilionário (m)	[biljo'narju]
owner, proprietor	proprietário (m)	[proprje'tarju]
landowner	proprietário (m) de terras	[proprje'tarju de 'tɛhas]
client	cliente (m)	['kljẽtʃi]
regular client	cliente (m) habitual	['kljẽtʃi abi'twaw]
buyer (customer)	comprador (m)	[kõpra'dor]
visitor	visitante (m)	[vizi'tãtʃi]
professional (n)	profissional (m)	[profisjo'naw]
expert	perito (m)	[pe'ritu]
specialist	especialista (m)	[ispesja'lista]
banker	banqueiro (m)	[bã'kejru]
broker	corretor (m)	[kohe'tor]
cashier, teller	caixa (m, f)	['kaɪʃa]
accountant	contador (m)	[kõta'dor]
security guard	guarda (m)	['gwarda]
investor	investidor (m)	[ĩvestʃi'dor]
debtor	devedor (m)	[deve'dor]
creditor	credor (m)	[kre'dor]
borrower	mutuário (m)	[mu'twarju]
importer	importador (m)	[ĩporta'dor]
exporter	exportador (m)	[isporta'dor]
manufacturer	produtor (m)	[produ'tor]
distributor	distribuidor (m)	[dʒistribwi'dor]
middleman	intermediário (m)	[ĩterme'dʒjarju]
consultant	consultor (m)	[kõsuw'tor]
sales representative	representante (m) comercial	[heprezẽ'tãtʃi komer'sjaw]
agent	agente (m)	[a'ʒẽtʃi]
insurance agent	agente (m) de seguros	[a'ʒẽtʃi de se'gurus]

87. Service professions

cook	**cozinheiro** (m)	[kozi'ɲejru]
chef (kitchen chef)	**chefe** (m) **de cozinha**	['ʃɛfi de ko'ziɲa]
baker	**padeiro** (m)	[pa'dejru]
bartender	**barman** (m)	[bar'mã]
waiter	**garçom** (m)	[gar'sõ]
waitress	**garçonete** (f)	[garso'netʃi]
lawyer, attorney	**advogado** (m)	[adʒivo'gadu]
lawyer (legal expert)	**jurista** (m)	[ʒu'rista]
notary public	**notário** (m)	[no'tarju]
electrician	**eletricista** (m)	[eletri'sista]
plumber	**encanador** (m)	[ẽkana'dor]
carpenter	**carpinteiro** (m)	[karpĩ'tejru]
masseur	**massagista** (m)	[masa'ʒista]
masseuse	**massagista** (f)	[masa'ʒista]
doctor	**médico** (m)	['mɛdʒiku]
taxi driver	**taxista** (m)	[tak'sista]
driver	**condutor, motorista** (m)	[kõdu'tor], [moto'rista]
delivery man	**entregador** (m)	[ẽtrega'dor]
chambermaid	**camareira** (f)	[kama'rejra]
security guard	**guarda** (m)	['gwarda]
flight attendant (fem.)	**aeromoça** (f)	[aero'mosa]
schoolteacher	**professor** (m)	[profe'sor]
librarian	**bibliotecário** (m)	[bibljote'karju]
translator	**tradutor** (m)	[tradu'tor]
interpreter	**intérprete** (m)	[ĩ'tɛrpretʃi]
guide	**guia** (m)	['gia]
hairdresser	**cabeleireiro** (m)	[kabelej'rejru]
mailman	**carteiro** (m)	[kar'tejru]
salesman (store staff)	**vendedor** (m)	[vẽde'dor]
gardener	**jardineiro** (m)	[ʒardʒi'nejru]
domestic servant	**criado** (m)	['krjadu]
maid (female servant)	**criada** (f)	['krjada]
cleaner (cleaning lady)	**empregada** (f) **de limpeza**	[ẽpre'gada de lĩ'peza]

88. Military professions and ranks

private	**soldado** (m) **raso**	[sow'dadu 'hazu]
sergeant	**sargento** (m)	[sar'ʒẽtu]

lieutenant	**tenente** (m)	[te'nẽtʃi]
captain	**capitão** (m)	[kapi'tãw]
major	**major** (m)	[ma'ʒɔr]
colonel	**coronel** (m)	[koro'nɛw]
general	**general** (m)	[ʒene'raw]
marshal	**marechal** (m)	[mare'ʃaw]
admiral	**almirante** (m)	[awmi'rãtʃi]
military (n)	**militar** (m)	[mili'tar]
soldier	**soldado** (m)	[sow'dadu]
officer	**oficial** (m)	[ofi'sjaw]
commander	**comandante** (m)	[komã'dãtʃi]
border guard	**guarda** (m) **de fronteira**	['gwarda de frõ'tejra]
radio operator	**operador** (m) **de rádio**	[opera'dor de 'hadʒju]
scout (searcher)	**explorador** (m)	[isplora'dor]
pioneer (sapper)	**sapador-mineiro** (m)	[sapa'dor-mi'nejru]
marksman	**atirador** (m)	[atʃira'dor]
navigator	**navegador** (m)	[navega'dor]

89. Officials. Priests

king	**rei** (m)	[hej]
queen	**rainha** (f)	[ha'iɲa]
prince	**príncipe** (m)	['prĩsipi]
princess	**princesa** (f)	[prĩ'seza]
czar	**czar** (m)	['kzar]
czarina	**czarina** (f)	[kza'rina]
president	**presidente** (m)	[prezi'dẽtʃi]
Secretary (minister)	**ministro** (m)	[mi'nistru]
prime minister	**primeiro-ministro** (m)	[pri'mejru mi'nistru]
senator	**senador** (m)	[sena'dor]
diplomat	**diplomata** (m)	[dʒiplo'mata]
consul	**cônsul** (m)	['kõsuw]
ambassador	**embaixador** (m)	[ẽbajʃa'dor]
counselor (diplomatic officer)	**conselheiro** (m)	[kõse'ʎejru]
official, functionary (civil servant)	**funcionário** (m)	[fũsjo'narju]
prefect	**prefeito** (m)	[pre'fejtu]
mayor	**Presidente** (m) **da Câmara**	[prezi'dẽtʃi da 'kamara]
judge	**juiz** (m)	[ʒwiz]
prosecutor (e.g., district attorney)	**procurador** (m)	[prokura'dor]

missionary	missionário (m)	[misjo'narju]
monk	monge (m)	['mõʒi]
abbot	abade (m)	[a'badʒi]
rabbi	rabino (m)	[ha'binu]
vizier	vizir (m)	[vi'zir]
shah	xá (m)	[ʃa]
sheikh	xeique (m)	['ʃɛjki]

90. Agricultural professions

beekeeper	abelheiro (m)	[abi'ʎejru]
herder, shepherd	pastor (m)	[pas'tor]
agronomist	agrônomo (m)	[a'gronomu]
cattle breeder	criador (m) de gado	[krja'dor de 'gadu]
veterinarian	veterinário (m)	[veteri'narju]
farmer	agricultor, fazendeiro (m)	[agrikuw'tor], [fazẽ'dejru]
winemaker	vinicultor (m)	[vinikuw'tor]
zoologist	zoólogo (m)	[zo'ɔlogu]
cowboy	vaqueiro (m)	[va'kejru]

91. Art professions

actor	ator (m)	[a'tor]
actress	atriz (f)	[a'triz]
singer (masc.)	cantor (m)	[kã'tor]
singer (fem.)	cantora (f)	[kã'tora]
dancer (masc.)	bailarino (m)	[bajla'rinu]
dancer (fem.)	bailarina (f)	[bajla'rina]
performer (masc.)	artista (m)	[ar'tʃista]
performer (fem.)	artista (f)	[ar'tʃista]
musician	músico (m)	['muziku]
pianist	pianista (m)	[pja'nista]
guitar player	guitarrista (m)	[gita'hista]
conductor (orchestra ~)	maestro (m)	[ma'ɛstru]
composer	compositor (m)	[kõpozi'tor]
impresario	empresário (m)	[ẽpre'zarju]
film director	diretor (m) de cinema	[dʒire'tor de si'nɛma]
producer	produtor (m)	[produ'tor]
scriptwriter	roteirista (m)	[hotej'rista]
critic	crítico (m)	['kritʃiku]

writer	escritor (m)	[iskri'tor]
poet	poeta (m)	['pwɛta]
sculptor	escultor (m)	[iskuw'tor]
artist (painter)	pintor (m)	[pĩ'tor]

juggler	malabarista (m)	[malaba'rista]
clown	palhaço (m)	[pa'ʎasu]
acrobat	acrobata (m)	[akro'bata]
magician	ilusionista (m)	[iluzjo'nista]

92. Various professions

doctor	médico (m)	['mɛdʒiku]
nurse	enfermeira (f)	[ẽfer'mejra]
psychiatrist	psiquiatra (m)	[psi'kjatra]
dentist	dentista (m)	[dẽ'tʃista]
surgeon	cirurgião (m)	[sirur'ʒjãw]

astronaut	astronauta (m)	[astro'nawta]
astronomer	astrônomo (m)	[as'tronomu]
pilot	piloto (m)	[pi'lotu]

driver (of taxi, etc.)	motorista (m)	[moto'rista]
engineer (train driver)	maquinista (m)	[maki'nista]
mechanic	mecânico (m)	[me'kaniku]

miner	mineiro (m)	[mi'nejru]
worker	operário (m)	[ope'rarju]
locksmith	serralheiro (m)	[seha'ʎejru]
joiner (carpenter)	marceneiro (m)	[marse'nejru]
turner (lathe operator)	torneiro (m)	[tor'nejru]
construction worker	construtor (m)	[kõstru'tor]
welder	soldador (m)	[sɔwda'dor]

professor (title)	professor (m)	[profe'sor]
architect	arquiteto (m)	[arki'tɛtu]
historian	historiador (m)	[istorja'dor]
scientist	cientista (m)	[sjẽ'tʃista]
physicist	físico (m)	['fiziku]
chemist (scientist)	químico (m)	['kimiku]

archeologist	arqueólogo (m)	[ar'kjɔlogu]
geologist	geólogo (m)	[ʒe'ɔlogu]
researcher (scientist)	pesquisador (m)	[peskiza'dor]

| babysitter | babysitter, babá (f) | [bebi'sitter], [ba'ba] |
| teacher, educator | professor (m) | [profe'sor] |

| editor | redator (m) | [heda'tor] |
| editor-in-chief | redator-chefe (m) | [heda'tor 'ʃɛfi] |

| correspondent | correspondente (m) | [kohespõ'detʃi] |
| typist (fem.) | datilógrafa (f) | [datʃi'lɔgrafa] |

designer	designer (m)	[dʒi'zajner]
computer expert	perito (m) em informática	[pe'ritu ẽ ĩfur'matika]
programmer	programador (m)	[programa'dor]
engineer (designer)	engenheiro (m)	[ẽʒe'ɲejru]

sailor	marujo (m)	[ma'ruʒu]
seaman	marinheiro (m)	[mari'ɲejru]
rescuer	socorrista (m)	[soko'hista]

fireman	bombeiro (m)	[bõ'bejru]
police officer	polícia (m)	[po'lisja]
watchman	guarda-noturno (m)	['gwarda no'turnu]
detective	detetive (m)	[dete'tʃivi]

customs officer	funcionário (m) da alfândega	[fũsjo'narju da aw'fãdʒiga]
bodyguard	guarda-costas (m)	['gwarda 'kɔstas]
prison guard	guarda (m) prisional	['gwarda prizjo'naw]
inspector	inspetor (m)	[ĩspe'tor]

sportsman	esportista (m)	[ispor'tʃista]
trainer, coach	treinador (m)	[trejna'dor]
butcher	açougueiro (m)	[aso'gejru]
cobbler (shoe repairer)	sapateiro (m)	[sapa'tejru]
merchant	comerciante (m)	[komer'sjãtʃi]
loader (person)	carregador (m)	[kahega'dor]

| fashion designer | estilista (m) | [istʃi'lista] |
| model (fem.) | modelo (f) | [mo'delu] |

93. Occupations. Social status

| schoolboy | estudante (m) | [istu'dãtʃi] |
| student (college ~) | estudante (m) | [istu'dãtʃi] |

philosopher	filósofo (m)	[fi'lɔzofu]
economist	economista (m)	[ekono'mista]
inventor	inventor (m)	[ĩvẽ'tor]

unemployed (n)	desempregado (m)	[dʒizẽpre'gadu]
retiree	aposentado (m)	[apozẽ'tadu]
spy, secret agent	espião (m)	[is'pjãw]

prisoner	preso, prisioneiro (m)	['prezu], [prizjo'nejru]
striker	grevista (m)	[gre'vista]
bureaucrat	burocrata (m)	[buro'krata]
traveler (globetrotter)	viajante (m)	[vja'ʒãtʃi]

gay, homosexual (n)	**homossexual** (m)	[omosek'swaw]
hacker	**hacker** (m)	['haker]
hippie	**hippie** (m, f)	['hɪpɪ]

bandit	**bandido** (m)	[bã'dʒidu]
hit man, killer	**assassino** (m)	[asa'sinu]
drug addict	**drogado** (m)	[dro'gadu]
drug dealer	**traficante** (m)	[trafi'kãtʃi]
prostitute (fem.)	**prostituta** (f)	[prostʃi'tuta]
pimp	**cafetão** (m)	[kafe'tãw]

sorcerer	**bruxo** (m)	['bruʃu]
sorceress (evil ~)	**bruxa** (f)	['bruʃa]
pirate	**pirata** (m)	[pi'rata]
slave	**escravo** (m)	[is'kravu]
samurai	**samurai** (m)	[samu'raj]
savage (primitive)	**selvagem** (m)	[sew'vaʒẽ]

Education

94. School

school	**escola** (f)	[is'kɔla]
principal (headmaster)	**diretor** (m) **de escola**	[dʒire'tor de is'kɔla]
pupil (boy)	**aluno** (m)	[a'lunu]
pupil (girl)	**aluna** (f)	[a'luna]
schoolboy	**estudante** (m)	[istu'dãtʃi]
schoolgirl	**estudante** (f)	[istu'dãtʃi]
to teach (sb)	**ensinar** (vt)	[ẽsi'nar]
to learn (language, etc.)	**aprender** (vt)	[aprẽ'der]
to learn by heart	**decorar** (vt)	[deko'rar]
to learn (~ to count, etc.)	**estudar** (vi)	[istu'dar]
to be in school	**estar na escola**	[is'tar na is'kɔla]
to go to school	**ir à escola**	[ir a is'kɔla]
alphabet	**alfabeto** (m)	[awfa'bɛtu]
subject (at school)	**disciplina** (f)	[dʒisi'plina]
classroom	**sala** (f) **de aula**	['sala de 'awla]
lesson	**lição, aula** (f)	[li'sãw], ['awla]
recess	**recreio** (m)	[he'kreju]
school bell	**toque** (m)	['tɔki]
school desk	**classe** (f)	['klasi]
chalkboard	**quadro** (m) **negro**	['kwadru 'negru]
grade	**nota** (f)	['nɔta]
good grade	**boa nota** (f)	['boa 'nɔta]
bad grade	**nota** (f) **baixa**	['nɔta 'baɪʃa]
to give a grade	**dar uma nota**	[dar 'uma 'nɔta]
mistake, error	**erro** (m)	['ehu]
to make mistakes	**errar** (vi)	[e'har]
to correct (an error)	**corrigir** (vt)	[kohi'ʒir]
cheat sheet	**cola** (f)	['kɔla]
homework	**dever** (m) **de casa**	[de'ver de 'kaza]
exercise (in education)	**exercício** (m)	[ezer'sisju]
to be present	**estar presente**	[is'tar pre'zẽtʃi]
to be absent	**estar ausente**	[is'tar aw'zẽtʃi]
to miss school	**faltar às aulas**	[faw'tar as 'awlas]

to punish (vt)	punir (vt)	[pu'nir]
punishment	punição (f)	[puni'sãw]
conduct (behavior)	comportamento (m)	[kõporta'mẽtu]

report card	boletim (m) escolar	[bole'tʃĩ isko'lar]
pencil	lápis (m)	['lapis]
eraser	borracha (f)	[bo'haʃa]
chalk	giz (m)	[ʒiz]
pencil case	porta-lápis (m)	['pɔrta-'lapis]

schoolbag	mala, pasta, mochila (f)	['mala], ['pasta], [mo'ʃila]
pen	caneta (f)	[ka'neta]
school notebook	caderno (m)	[ka'dɛrnu]
textbook	livro (m) didático	['livru dʒi'datʃiku]
drafting compass	compasso (m)	[kõ'pasu]

| to make technical drawings | traçar (vt) | [tra'sar] |
| technical drawing | desenho (m) técnico | [de'zɛɲu 'tɛkniku] |

poem	poesia (f)	[poe'zia]
by heart (adv)	de cor	[de kɔr]
to learn by heart	decorar (vt)	[deko'rar]

school vacation	férias (f pl)	['fɛrjas]
to be on vacation	estar de férias	[is'tar de 'fɛrjas]
to spend one's vacation	passar as férias	[pa'sar as 'fɛrjas]

test (written math ~)	teste (m), prova (f)	['tɛstʃi], ['prɔva]
essay (composition)	redação (f)	[heda'sãw]
dictation	ditado (m)	[dʒi'tadu]
exam (examination)	exame (m), prova (f)	[e'zami], ['prɔva]
to take an exam	fazer prova	[fa'zer 'prɔva]
experiment (e.g., chemistry ~)	experiência (f)	[ispe'rjẽsja]

95. College. University

academy	academia (f)	[akade'mia]
university	universidade (f)	[universi'dadʒi]
faculty (e.g., ~ of Medicine)	faculdade (f)	[fakuw'dadʒi]

student (masc.)	estudante (m)	[istu'dãtʃi]
student (fem.)	estudante (f)	[istu'dãtʃi]
lecturer (teacher)	professor (m)	[profe'sor]

lecture hall, room	auditório (m)	[awdʒi'tɔrju]
graduate	graduado (m)	[gra'dwadu]
diploma	diploma (m)	[dʒip'lɔma]

dissertation	tese (f)	['tɛzi]
study (report)	estudo (m)	[is'tudu]
laboratory	laboratório (m)	[labora'tɔrju]

lecture	palestra (f)	[pa'lɛstra]
coursemate	colega (m) de curso	[ko'lɛga de 'kursu]
scholarship	bolsa (f) de estudos	['bowsa de is'tudus]
academic degree	grau (m) acadêmico	['graw aka'demiku]

96. Sciences. Disciplines

mathematics	matemática (f)	[mate'matʃika]
algebra	álgebra (f)	['awʒebra]
geometry	geometria (f)	[ʒeome'tria]

astronomy	astronomia (f)	[astrono'mia]
biology	biologia (f)	[bjolo'ʒia]
geography	geografia (f)	[ʒeogra'fia]
geology	geologia (f)	[ʒeolo'ʒia]
history	história (f)	[is'tɔrja]

medicine	medicina (f)	[medʒi'sina]
pedagogy	pedagogia (f)	[pedago'ʒia]
law	direito (m)	[dʒi'rejtu]

physics	física (f)	['fizika]
chemistry	química (f)	['kimika]
philosophy	filosofia (f)	[filozo'fia]
psychology	psicologia (f)	[psikolo'ʒia]

97. Writing system. Orthography

grammar	gramática (f)	[gra'matʃika]
vocabulary	vocabulário (m)	[vokabu'larju]
phonetics	fonética (f)	[fo'nɛtʃika]

noun	substantivo (m)	[substã'tʃivu]
adjective	adjetivo (m)	[adʒe'tʃivu]
verb	verbo (m)	['vɛrbu]
adverb	advérbio (m)	[adʒi'vɛrbju]

pronoun	pronome (m)	[pro'nɔmi]
interjection	interjeição (f)	[ĩterʒej'sãw]
preposition	preposição (f)	[prepozi'sãw]

root	raiz (f)	[ha'iz]
ending	terminação (f)	[termina'sãw]
prefix	prefixo (m)	[pre'fiksu]

| syllable | sílaba (f) | ['silaba] |
| suffix | sufixo (m) | [su'fiksu] |

| stress mark | acento (m) | [a'sẽtu] |
| apostrophe | apóstrofo (m) | [a'pɔstrofu] |

period, dot	ponto (m)	['põtu]
comma	vírgula (f)	['virgula]
semicolon	ponto e vírgula (m)	['põtu e 'virgula]
colon	dois pontos (m pl)	['dojs 'põtus]
ellipsis	reticências (f pl)	[hetʃi'sẽsjas]

| question mark | ponto (m) de interrogação | ['põtu de ĩtehoga'sãw] |
| exclamation point | ponto (m) de exclamação | ['põtu de isklama'sãw] |

quotation marks	aspas (f pl)	['aspas]
in quotation marks	entre aspas	[ẽtri 'aspas]
parenthesis	parênteses (m pl)	[pa'rẽtezis]
in parenthesis	entre parênteses	[ẽtri pa'rẽtezis]

hyphen	hífen (m)	['ifẽ]
dash	travessão (m)	[trave'sãw]
space (between words)	espaço (m)	[is'pasu]

| letter | letra (f) | ['letra] |
| capital letter | letra (f) maiúscula | ['letra ma'juskula] |

| vowel (n) | vogal (f) | [vo'gaw] |
| consonant (n) | consoante (f) | [kõso'ãtʃi] |

sentence	frase (f)	['frazi]
subject	sujeito (m)	[su'ʒejtu]
predicate	predicado (m)	[predʒi'kadu]

line	linha (f)	['liɲa]
on a new line	em uma nova linha	[ẽ 'uma 'nɔva 'liɲa]
paragraph	parágrafo (m)	[pa'ragrafu]

word	palavra (f)	[pa'lavra]
group of words	grupo (m) de palavras	['grupu de pa'lavras]
expression	expressão (f)	[ispre'sãw]
synonym	sinônimo (m)	[si'nonimu]
antonym	antônimo (m)	[ã'tonimu]

rule	regra (f)	['hɛgra]
exception	exceção (f)	[ese'sãw]
correct (adj)	correto	[ko'hɛtu]

conjugation	conjugação (f)	[kõʒuga'sãw]
declension	declinação (f)	[deklina'sãw]
nominal case	caso (m)	['kazu]
question	pergunta (f)	[per'gũta]

to underline (vt)	sublinhar (vt)	[subli'ɲar]
dotted line	linha (f) pontilhada	['liɲa põtʃi'ʎada]

98. Foreign languages

language	língua (f)	['lĩgwa]
foreign (adj)	estrangeiro	[istrã'ʒejru]
foreign language	língua (f) estrangeira	['lĩgwa istrã'ʒejra]
to study (vt)	estudar (vt)	[istu'dar]
to learn (language, etc.)	aprender (vt)	[aprẽ'der]
to read (vi, vt)	ler (vt)	[ler]
to speak (vi, vt)	falar (vi)	[fa'lar]
to understand (vt)	entender (vt)	[ẽtẽ'der]
to write (vt)	escrever (vt)	[iskre'ver]
fast (adv)	rapidamente	[hapida'mẽtʃi]
slowly (adv)	lentamente	[lẽta'mẽtʃi]
fluently (adv)	fluentemente	[fluẽte'mẽtʃi]
rules	regras (f pl)	['hɛgras]
grammar	gramática (f)	[gra'matʃika]
vocabulary	vocabulário (m)	[vokabu'larju]
phonetics	fonética (f)	[fo'nɛtʃika]
textbook	livro (m) didático	['livru dʒi'datʃiku]
dictionary	dicionário (m)	[dʒisjo'narju]
teach-yourself book	manual (m) autodidático	[ma'nwaw awtɔdʒi'datʃiku]
phrasebook	guia (m) de conversação	['gia de kõversa'sãw]
cassette, tape	fita (f) cassete	['fita ka'sɛtʃi]
videotape	videoteipe (m)	[vidʒju'tejpi]
CD, compact disc	CD, disco (m) compacto	['sede], ['dʒisku kõ'paktu]
DVD	DVD (m)	[deve'de]
alphabet	alfabeto (m)	[awfa'bɛtu]
to spell (vt)	soletrar (vt)	[sole'trar]
pronunciation	pronúncia (f)	[pro'nũsja]
accent	sotaque (m)	[so'taki]
with an accent	com sotaque	[kõ so'taki]
without an accent	sem sotaque	[sẽ so'taki]
word	palavra (f)	[pa'lavra]
meaning	sentido (m)	[sẽ'tʃidu]
course (e.g., a French ~)	curso (m)	['kursu]
to sign up	inscrever-se (vr)	[ĩskre'verse]
teacher	professor (m)	[profe'sor]
translation (process)	tradução (f)	[tradu'sãw]

translation (text, etc.)	**tradução** (f)	[tradu'sãw]
translator	**tradutor** (m)	[tradu'tor]
interpreter	**intérprete** (m)	[ĩ'tɛrpretʃi]
polyglot	**poliglota** (m)	[pɔli'glɔta]
memory	**memória** (f)	[me'mɔrja]

Rest. Entertainment. Travel

99. Trip. Travel

tourism, travel	**turismo** (m)	[tu'rizmu]
tourist	**turista** (m)	[tu'rista]
trip, voyage	**viagem** (f)	['vjaʒẽ]
adventure	**aventura** (f)	[avẽ'tura]
trip, journey	**viagem** (f)	['vjaʒẽ]
vacation	**férias** (f pl)	['fɛrjas]
to be on vacation	**estar de férias**	[is'tar de 'fɛrjas]
rest	**descanso** (m)	[dʒis'kãsu]
train	**trem** (m)	[trẽj]
by train	**de trem**	[de trẽj]
airplane	**avião** (m)	[a'vjãw]
by airplane	**de avião**	[de a'vjãw]
by car	**de carro**	[de 'kaho]
by ship	**de navio**	[de na'viu]
luggage	**bagagem** (f)	[ba'gaʒẽ]
suitcase	**mala** (f)	['mala]
luggage cart	**carrinho** (m)	[ka'hiɲu]
passport	**passaporte** (m)	[pasa'pɔrtʃi]
visa	**visto** (m)	['vistu]
ticket	**passagem** (f)	[pa'saʒẽ]
air ticket	**passagem** (f) **aérea**	[pa'saʒẽ a'erja]
guidebook	**guia** (m) **de viagem**	['gia de vi'aʒẽ]
map (tourist ~)	**mapa** (m)	['mapa]
area (rural ~)	**área** (f)	['arja]
place, site	**lugar** (m)	[lu'gar]
exotica (n)	**exotismo** (m)	[ezo'tʃizmu]
exotic (adj)	**exótico**	[e'zɔtʃiku]
amazing (adj)	**surpreendente**	[surprjẽ'dẽtʃi]
group	**grupo** (m)	['grupu]
excursion, sightseeing tour	**excursão** (f)	[iskur'sãw]
guide (person)	**guia** (m)	['gia]

100. Hotel

hotel	**hotel** (m)	[o'tɛw]
motel	**motel** (m)	[mo'tɛw]
three-star (~ hotel)	**três estrelas**	['tres is'trelas]
five-star	**cinco estrelas**	['sĩku is'trelas]
to stay (in a hotel, etc.)	**ficar** (vi, vt)	[fi'kar]
room	**quarto** (m)	['kwartu]
single room	**quarto** (m) **individual**	['kwartu ĩdʒivi'dwaw]
double room	**quarto** (m) **duplo**	['kwartu 'duplu]
to book a room	**reservar um quarto**	[hezer'var ũ 'kwartu]
half board	**meia pensão** (f)	['meja pẽ'sãw]
full board	**pensão** (f) **completa**	[pẽ'sãw kõ'plɛta]
with bath	**com banheira**	[kõ ba'ɲejra]
with shower	**com chuveiro**	[kõ ʃu'vejru]
satellite television	**televisão** (m) **por satélite**	[televi'zãw por sa'tɛlitʃi]
air-conditioner	**ar** (m) **condicionado**	[ar kõdʒisjo'nadu]
towel	**toalha** (f)	[to'aʎa]
key	**chave** (f)	['ʃavi]
administrator	**administrador** (m)	[adʒiministra'dor]
chambermaid	**camareira** (f)	[kama'rejra]
porter, bellboy	**bagageiro** (m)	[baga'ʒejru]
doorman	**porteiro** (m)	[por'tejru]
restaurant	**restaurante** (m)	[hestaw'rätʃi]
pub, bar	**bar** (m)	[bar]
breakfast	**café** (m) **da manhã**	[ka'fɛ da ma'ɲã]
dinner	**jantar** (m)	[ʒã'tar]
buffet	**bufê** (m)	[bu'fe]
lobby	**saguão** (m)	[sa'gwãw]
elevator	**elevador** (m)	[eleva'dor]
DO NOT DISTURB	**NÃO PERTURBE**	['nãw per'turbi]
NO SMOKING	**PROIBIDO FUMAR!**	[proi'bidu fu'mar]

TECHNICAL EQUIPMENT. TRANSPORTATION

Technical equipment

101. Computer

computer	**computador** (m)	[kõputa'dor]
notebook, laptop	**computador** (m) **portátil**	[kõputa'dor por'tatʃiw]
to turn on	**ligar** (vt)	[li'gar]
to turn off	**desligar** (vt)	[dʒizli'gar]
keyboard	**teclado** (m)	[tɛk'ladu]
key	**tecla** (f)	['tɛkla]
mouse	**mouse** (m)	['mawz]
mouse pad	**tapete** (m) **para mouse**	[ta'petʃi 'para 'mawz]
button	**botão** (m)	[bo'tãw]
cursor	**cursor** (m)	[kur'sor]
monitor	**monitor** (m)	[moni'tor]
screen	**tela** (f)	['tɛla]
hard disk	**disco** (m) **rígido**	['dʒisku 'hiʒidu]
hard disk capacity	**capacidade** (f) **do disco rígido**	[kapasi'dadʒi du 'dʒisku 'hiʒidu]
memory	**memória** (f)	[me'mɔrja]
random access memory	**memória RAM** (f)	[me'mɔrja ram]
file	**arquivo** (m)	[ar'kivu]
folder	**pasta** (f)	['pasta]
to open (vt)	**abrir** (vt)	[a'brir]
to close (vt)	**fechar** (vt)	[fe'ʃar]
to save (vt)	**salvar** (vt)	[saw'var]
to delete (vt)	**deletar** (vt)	[dele'tar]
to copy (vt)	**copiar** (vt)	[ko'pjar]
to sort (vt)	**ordenar** (vt)	[orde'nar]
to transfer (copy)	**copiar** (vt)	[ko'pjar]
program	**programa** (m)	[pro'grama]
software	**software** (m)	[sof'twer]
programmer	**programador** (m)	[programa'dor]
to program (vt)	**programar** (vt)	[progra'mar]
hacker	**hacker** (m)	['haker]

password	senha (f)	['sɛɲa]
virus	vírus (m)	['virus]
to find, to detect	detectar (vt)	[detek'tar]

| byte | byte (m) | ['bajtʃi] |
| megabyte | megabyte (m) | [mega'bajtʃi] |

| data | dados (m pl) | ['dadus] |
| database | base (f) de dados | ['bazi de 'dadus] |

cable (USB, etc.)	cabo (m)	['kabu]
to disconnect (vt)	desconectar (vt)	[dezkonek'tar]
to connect (sth to sth)	conectar (vt)	[konek'tar]

102. Internet. E-mail

Internet	internet (f)	[ĩter'nɛtʃi]
browser	browser (m)	['brawzer]
search engine	motor (m) de busca	[mo'tor de 'buska]
provider	provedor (m)	[prove'dor]

webmaster	webmaster (m)	[web'master]
website	website (m)	[websajt]
webpage	página web (f)	['paʒina webi]

| address (e-mail ~) | endereço (m) | [ẽde'resu] |
| address book | livro (m) de endereços | ['livru de ẽde'resus] |

mailbox	caixa (f) de correio	['kaɪʃa de ko'heju]
mail	correio (m)	[ko'heju]
full (adj)	cheia	['ʃeja]

| message | mensagem (f) | [mẽ'saʒẽ] |
| incoming messages | mensagens (f pl) recebidas | [mẽ'saʒẽs hese'bidas] |

outgoing messages	mensagens (f pl) enviadas	[mẽ'saʒẽs ẽ'vjadas]
sender	remetente (m)	[heme'tẽtʃi]
to send (vt)	enviar (vt)	[ẽ'vjar]
sending (of mail)	envio (m)	[ẽ'viu]

| receiver | destinatário (m) | [destʃina'tarju] |
| to receive (vt) | receber (vt) | [hese'ber] |

| correspondence | correspondência (f) | [kohespõ'dẽsja] |
| to correspond (vi) | corresponder-se (vr) | [kohespõ'dersi] |

file	arquivo (m)	[ar'kivu]
to download (vt)	fazer o download, baixar (vt)	[fa'zer u dawn'load], [baj'ʃar]
to create (vt)	criar (vt)	[krjar]

| to delete (vt) | deletar (vt) | [dele'tar] |
| deleted (adj) | deletado | [dele'tadu] |

connection (ADSL, etc.)	conexão (f)	[konek'sãw]
speed	velocidade (f)	[velosi'dadʒi]
modem	modem (m)	['modẽ]
access	acesso (m)	[a'sɛsu]
port (e.g., input ~)	porta (f)	['pɔrta]

| connection (make a ~) | conexão (f) | [konek'sãw] |
| to connect to ... (vi) | conectar (vi) | [konek'tar] |

| to select (vt) | escolher (vt) | [isko'ʎer] |
| to search (for ...) | buscar (vt) | [bus'kar] |

103. Electricity

electricity	eletricidade (f)	[eletrisi'dadʒi]
electric, electrical (adj)	elétrico	[e'lɛtriku]
electric power plant	planta (f) elétrica	['plãta e'lɛtrika]
energy	energia (f)	[ener'ʒia]
electric power	energia (f) elétrica	[ener'ʒia e'lɛtrika]

light bulb	lâmpada (f)	['lãpada]
flashlight	lanterna (f)	[lã'tɛrna]
street light	poste (m) de iluminação	['pɔstʃi de ilumina'sãw]

light	luz (f)	[luz]
to turn on	ligar (vt)	[li'gar]
to turn off	desligar (vt)	[dʒizli'gar]
to turn off the light	apagar a luz	[apa'gar a luz]

to burn out (vi)	queimar (vi)	[kej'mar]
short circuit	curto-circuito (m)	['kurtu sir'kwitu]
broken wire	ruptura (f)	[hup'tura]
contact (electrical ~)	contato (m)	[kõ'tatu]

light switch	interruptor (m)	[ĩtehup'tor]
wall socket	tomada (f)	[to'mada]
plug	plugue (m)	['plugi]
extension cord	extensão (f)	[istẽ'sãw]

fuse	fusível (m)	[fu'zivew]
cable, wire	fio, cabo (m)	['fiu], ['kabu]
wiring	instalação (f) elétrica	[ĩstala'sãw e'lɛtrika]

ampere	ampère (m)	[ã'pɛri]
amperage	amperagem (f)	[ãpe'raʒẽ]
volt	volt (m)	['vɔwtʃi]
voltage	voltagem (f)	[vow'taʒẽ]

electrical device	**aparelho** (m) **elétrico**	[apaˈreʎu eˈlɛtriku]
indicator	**indicador** (m)	[ĩdʒikaˈdor]
electrician	**eletricista** (m)	[eletriˈsista]
to solder (vt)	**soldar** (vt)	[sowˈdar]
soldering iron	**soldador** (m)	[sɔwdaˈdor]
electric current	**corrente** (f) **elétrica**	[koˈhẽtʃi eˈlɛtrika]

104. Tools

tool, instrument	**ferramenta** (f)	[fehaˈmẽta]
tools	**ferramentas** (f pl)	[fehaˈmẽtas]
equipment (factory ~)	**equipamento** (m)	[ekipaˈmẽtu]
hammer	**martelo** (m)	[marˈtɛlu]
screwdriver	**chave** (f) **de fenda**	[ˈʃavi de ˈfẽda]
ax	**machado** (m)	[maˈʃadu]
saw	**serra** (f)	[ˈsɛha]
to saw (vt)	**serrar** (vt)	[seˈhar]
plane (tool)	**plaina** (f)	[ˈplajna]
to plane (vt)	**aplainar** (vt)	[aplajˈnar]
soldering iron	**soldador** (m)	[sɔwdaˈdor]
to solder (vt)	**soldar** (vt)	[sowˈdar]
file (tool)	**lima** (f)	[ˈlima]
carpenter pincers	**tenaz** (f)	[teˈnajz]
lineman's pliers	**alicate** (m)	[aliˈkatʃi]
chisel	**formão** (m)	[forˈmãw]
drill bit	**broca** (f)	[ˈbrɔka]
electric drill	**furadeira** (f) **elétrica**	[furaˈdejra eˈlɛtrika]
to drill (vi, vt)	**furar** (vt)	[fuˈrar]
knife	**faca** (f)	[ˈfaka]
blade	**lâmina** (f)	[ˈlamina]
sharp (blade, etc.)	**afiado**	[aˈfjadu]
dull, blunt (adj)	**cego**	[ˈsɛgu]
to get blunt (dull)	**embotar-se** (vr)	[ẽboˈtarsi]
to sharpen (vt)	**afiar, amolar** (vt)	[aˈfjar], [amoˈlar]
bolt	**parafuso** (m)	[paraˈfuzu]
nut	**porca** (f)	[ˈpɔrka]
thread (of a screw)	**rosca** (f)	[ˈhoska]
wood screw	**parafuso** (m)	[paraˈfuzu]
nail	**prego** (m)	[ˈprɛgu]
nailhead	**cabeça** (f) **do prego**	[kaˈbesa du ˈprɛgu]
ruler (for measuring)	**régua** (f)	[ˈhɛgwa]

tape measure	**fita** (f) **métrica**	['fita 'mɛtrika]
spirit level	**nível** (m)	['nivew]
magnifying glass	**lupa** (f)	['lupa]
measuring instrument	**medidor** (m)	[medʒi'dor]
to measure (vt)	**medir** (vt)	[me'dʒir]
scale	**escala** (f)	[is'kala]
(of thermometer, etc.)		
readings	**indicação** (f), **registro** (m)	[indʒika'sãw], [he'ʒistru]
compressor	**compressor** (m)	[kõpre'sor]
microscope	**microscópio** (m)	[mikro'skɔpju]
pump (e.g., water ~)	**bomba** (f)	['bõba]
robot	**robô** (m)	[ho'bo]
laser	**laser** (m)	['lɛjzer]
wrench	**chave** (f) **de boca**	['ʃavi de 'boka]
adhesive tape	**fita** (f) **adesiva**	['fita ade'ziva]
glue	**cola** (f)	['kɔla]
sandpaper	**lixa** (f)	['liʃa]
spring	**mola** (f)	['mɔla]
magnet	**ímã** (m)	['imã]
gloves	**luva** (f)	['luva]
rope	**corda** (f)	['kɔrda]
cord	**corda** (f)	['kɔrda]
wire (e.g., telephone ~)	**fio** (m)	['fiu]
cable	**cabo** (m)	['kabu]
sledgehammer	**marreta** (f)	[ma'hɛta]
prybar	**pé de cabra** (m)	[pɛ de 'kabra]
ladder	**escada** (f) **de mão**	[is'kada de 'mãw]
stepladder	**escada** (m)	[is'kada]
to screw (tighten)	**enroscar** (vt)	[ẽhos'kar]
to unscrew (lid, filter, etc.)	**desenroscar** (vt)	[dezẽhos'kar]
to tighten	**apertar** (vt)	[aper'tar]
(e.g., with a clamp)		
to glue, to stick	**colar** (vt)	[ko'lar]
to cut (vt)	**cortar** (vt)	[kor'tar]
malfunction (fault)	**falha** (f)	['faʎa]
repair (mending)	**conserto** (m)	[kõ'sɛrtu]
to repair, to fix (vt)	**consertar, reparar** (vt)	[kõser'tar], [hepa'rar]
to adjust (machine, etc.)	**regular, ajustar** (vt)	[hegu'lar], [aʒus'tar]
to check (to examine)	**verificar** (vt)	[verifi'kar]
checking	**verificação** (f)	[verifika'sãw]
readings	**indicação** (f), **registro** (m)	[indʒika'sãw], [he'ʒistru]
reliable, solid (machine)	**seguro**	[se'guru]

complex (adj)	**complicado**	[kõpli'kadu]
to rust (get rusted)	**enferrujar** (vi)	[ẽfehu'ʒar]
rusty, rusted (adj)	**enferrujado**	[ẽfehu'ʒadu]
rust	**ferrugem** (f)	[fe'huʒẽ]

Transportation

105. Airplane

airplane	avião (m)	[a'vjãw]
air ticket	passagem (f) aérea	[pa'saʒẽ a'erja]
airline	companhia (f) aérea	[kõpa'ɲia a'erja]
airport	aeroporto (m)	[aero'portu]
supersonic (adj)	supersônico	[super'soniku]
captain	comandante (m) do avião	[komã'dãtʃi du a'vjãw]
crew	tripulação (f)	[tripula'sãw]
pilot	piloto (m)	[pi'lotu]
flight attendant (fem.)	aeromoça (f)	[aero'mosa]
navigator	copiloto (m)	[kopi'lotu]
wings	asas (f pl)	['azas]
tail	cauda (f)	['kawda]
cockpit	cabine (f)	[ka'bini]
engine	motor (m)	[mo'tor]
undercarriage (landing gear)	trem (m) de pouso	[trẽj de 'pozu]
turbine	turbina (f)	[tur'bina]
propeller	hélice (f)	['ɛlisi]
black box	caixa-preta (f)	['kaɪʃa 'preta]
yoke (control column)	coluna (f) de controle	[ko'luna de kõ'troli]
fuel	combustível (m)	[kõbus'tʃivew]
safety card	instruções (f pl) de segurança	[ĩstru'sõjs de segu'rãsa]
oxygen mask	máscara (f) de oxigênio	['maskara de oksi'ʒenju]
uniform	uniforme (m)	[uni'fɔrmi]
life vest	colete (m) salva-vidas	[ko'letʃi 'sawva 'vidas]
parachute	paraquedas (m)	[para'kɛdas]
takeoff	decolagem (f)	[deko'laʒẽ]
to take off (vi)	descolar (vi)	[dʒisko'lar]
runway	pista (f) de decolagem	['pista de deko'laʒẽ]
visibility	visibilidade (f)	[vizibili'dadʒi]
flight (act of flying)	voo (m)	['vou]
altitude	altura (f)	[aw'tura]
air pocket	poço (m) de ar	['posu de 'ar]
seat	assento (m)	[a'sẽtu]
headphones	fone (m) de ouvido	['fɔni de o'vidu]

folding tray (tray table)	mesa (f) retrátil	['meza he'tratʃiw]
airplane window	janela (f)	[ʒa'nɛla]
aisle	corredor (m)	[kohe'dor]

106. Train

train	trem (m)	[trẽj]
commuter train	trem (m) elétrico	[trẽj e'lɛtriku]
express train	trem (m)	[trẽj]
diesel locomotive	locomotiva (f) diesel	[lokomo'tʃiva 'dʒizew]
steam locomotive	locomotiva (f) a vapor	[lokomo'tʃiva a va'por]

| passenger car | vagão (f) de passageiros | [va'gãw de pasa'ʒejrus] |
| dining car | vagão-restaurante (m) | [va'gãw-hestaw'rãtʃi] |

rails	carris (m pl)	[ka'his]
railroad	estrada (f) de ferro	[is'trada de 'fɛhu]
railway tie	travessa (f)	[tra'vɛsa]

platform (railway ~)	plataforma (f)	[plata'fɔrma]
track (~ 1, 2, etc.)	linha (f)	['liɲa]
semaphore	semáforo (m)	[se'maforu]
station	estação (f)	[ista'sãw]

engineer (train driver)	maquinista (m)	[maki'nista]
porter (of luggage)	bagageiro (m)	[baga'ʒejru]
car attendant	hospedeiro, -a (m, f)	[ospe'dejru, -a]
passenger	passageiro (m)	[pasa'ʒejru]
conductor (ticket inspector)	revisor (m)	[hevi'zor]

| corridor (in train) | corredor (m) | [kohe'dor] |
| emergency brake | freio (m) de emergência | ['freju de imer'ʒẽsja] |

compartment	compartimento (m)	[kõpartʃi'mẽtu]
berth	cama (f)	['kama]
upper berth	cama (f) de cima	['kama de 'sima]
lower berth	cama (f) de baixo	['kama de 'baɪʃu]
bed linen, bedding	roupa (f) de cama	['hopa de 'kama]

ticket	passagem (f)	[pa'saʒẽ]
schedule	horário (m)	[o'rarju]
information display	painel (m) de informação	[paj'nɛw de ĩforma'sãw]

to leave, to depart	partir (vt)	[par'tʃir]
departure (of train)	partida (f)	[par'tʃida]
to arrive (ab. train)	chegar (vi)	[ʃe'gar]
arrival	chegada (f)	[ʃe'gada]
to arrive by train	chegar de trem	[ʃe'gar de trẽj]
to get on the train	pegar o trem	[pe'gar u trẽj]

to get off the train	descer de trem	[de'ser de trẽj]
train wreck	acidente (m) ferroviário	[asi'dẽtʃi feho'vjarju]
to derail (vi)	descarrilar (vi)	[dʒiskahi'ʎar]
steam locomotive	locomotiva (f) a vapor	[lokomo'tʃiva a va'por]
stoker, fireman	foguista (m)	[fo'gista]
firebox	fornalha (f)	[for'naʎa]
coal	carvão (m)	[kar'vãw]

107. Ship

| ship | navio (m) | [na'viu] |
| vessel | embarcação (f) | [ẽbarka'sãw] |

steamship	barco (m) a vapor	['barku a va'por]
riverboat	barco (m) fluvial	['barku flu'vjaw]
cruise ship	transatlântico (m)	[trãzat'lãtʃiku]
cruiser	cruzeiro (m)	[kru'zejru]

yacht	iate (m)	['jatʃi]
tugboat	rebocador (m)	[heboka'dor]
barge	barcaça (f)	[bar'kasa]
ferry	ferry (m), balsa (f)	['fɛʀi], ['balsa]

| sailing ship | veleiro (m) | [ve'lejru] |
| brigantine | bergantim (m) | [behgã'tʃĩ] |

| ice breaker | quebra-gelo (m) | ['kɛbra 'ʒelu] |
| submarine | submarino (m) | [subma'rinu] |

boat (flat-bottomed ~)	bote, barco (m)	['botʃi], ['barku]
dinghy (lifeboat)	baleeira (f)	[bale'ejra]
lifeboat	bote (m) salva-vidas	['botʃi 'sawva 'vidas]
motorboat	lancha (f)	['lãʃa]

captain	capitão (m)	[kapi'tãw]
seaman	marinheiro (m)	[mari'ɲejru]
sailor	marujo (m)	[ma'ruʒu]
crew	tripulação (f)	[tripula'sãw]

boatswain	contramestre (m)	[kõtra'mɛstri]
ship's boy	grumete (m)	[gru'mɛtʃi]
cook	cozinheiro (m) de bordo	[kozi'ɲejru de 'bordu]
ship's doctor	médico (m) de bordo	['mɛdʒiku de 'bordu]

deck	convés (m)	[kõ'vɛs]
mast	mastro (m)	['mastru]
sail	vela (f)	['vɛla]

| hold | porão (m) | [po'rãw] |
| bow (prow) | proa (f) | ['proa] |

stern	popa (f)	['pɔpa]
oar	remo (m)	['hemu]
screw propeller	hélice (f)	['ɛlisi]

cabin	cabine (m)	[ka'bini]
wardroom	sala (f) dos oficiais	['sala dus ofi'sjajs]
engine room	sala (f) das máquinas	['sala das 'makinas]
bridge	ponte (m) de comando	['põtʃi de ko'mãdu]
radio room	sala (f) de comunicações	['sala de komunika'sõjs]

| wave (radio) | onda (f) | ['õda] |
| logbook | diário (m) de bordo | ['dʒjarju de 'bɔrdu] |

spyglass	luneta (f)	[lu'neta]
bell	sino (m)	['sinu]
flag	bandeira (f)	[bã'dejra]

| hawser (mooring ~) | cabo (m) | ['kabu] |
| knot (bowline, etc.) | nó (m) | [nɔ] |

| deckrails | corrimão (m) | [kohi'mãw] |
| gangway | prancha (f) de embarque | ['prãʃa de ẽ'barki] |

| anchor | âncora (f) | ['ãkora] |
| to weigh anchor | recolher a âncora | [heko'ʎer a 'ãkora] |

| to drop anchor | jogar a âncora | [ʒo'gar a 'ãkora] |
| anchor chain | amarra (f) | [a'maha] |

| port (harbor) | porto (m) | ['portu] |
| quay, wharf | cais, amarradouro (m) | [kajs], [amaha'doru] |

| to berth (moor) | atracar (vi) | [atra'kar] |
| to cast off | desatracar (vi) | [dʒizatra'kar] |

| trip, voyage | viagem (f) | ['vjaʒẽ] |
| cruise (sea trip) | cruzeiro (m) | [kru'zejru] |

| course (route) | rumo (m) | ['humu] |
| route (itinerary) | itinerário (m) | [itʃine'rarju] |

| fairway (safe water channel) | canal (m) de navegação | [ka'naw de navega'sãw] |

| shallows | banco (m) de areia | ['bãku de a'reja] |
| to run aground | encalhar (vt) | [ẽka'ʎar] |

storm	tempestade (f)	[tẽpes'tadʒi]
signal	sinal (m)	[si'naw]
to sink (vi)	afundar-se (vr)	[afũ'darse]
Man overboard!	Homem ao mar!	['ɔmẽ aw mah]
SOS (distress signal)	SOS	[ɛseo'ɛsi]
ring buoy	boia (f) salva-vidas	['bɔja 'sawva 'vidas]

108. Airport

airport	**aeroporto** (m)	[aero'portu]
airplane	**avião** (m)	[a'vjãw]
airline	**companhia** (f) **aérea**	[kõpa'ɲia a'erja]
air traffic controller	**controlador** (m) **de tráfego aéreo**	[kõtrola'dor de 'trafegu a'erju]

departure	**partida** (f)	[par'tʃida]
arrival	**chegada** (f)	[ʃe'gada]
to arrive (by plane)	**chegar** (vi)	[ʃe'gar]

departure time	**hora** (f) **de partida**	['ɔra de par'tʃida]
arrival time	**hora** (f) **de chegada**	['ɔra de ʃe'gada]

to be delayed	**estar atrasado**	[is'tar atra'zadu]
flight delay	**atraso** (m) **de voo**	[a'trazu de 'vou]

information board	**painel** (m) **de informação**	[paj'nɛw de ĩforma'sãw]
information	**informação** (f)	[ĩforma'sãw]
to announce (vt)	**anunciar** (vt)	[anũ'sjar]
flight (e.g., next ~)	**voo** (m)	['vou]

customs	**alfândega** (f)	[aw'fãdʒiga]
customs officer	**funcionário** (m) **da alfândega**	[fũsjo'narju da aw'fãdʒiga]

customs declaration	**declaração** (f) **alfandegária**	[deklara'sãw awfãde'garja]
to fill out (vt)	**preencher** (vt)	[preẽ'ʃer]
to fill out the declaration	**preencher a declaração**	[preẽ'ʃer a deklara'sãw]
passport control	**controle** (m) **de passaporte**	[kõ'troli de pasa'pɔrtʃi]

luggage	**bagagem** (f)	[ba'gaʒẽ]
hand luggage	**bagagem** (f) **de mão**	[ba'gaʒẽ de 'mãw]
luggage cart	**carrinho** (m)	[ka'hiɲu]

landing	**pouso** (m)	['pozu]
landing strip	**pista** (f) **de pouso**	['pista de 'pozu]
to land (vi)	**aterrissar** (vi)	[atehi'sar]
airstair (passenger stair)	**escada** (f) **de avião**	[is'kada de a'vjãw]

check-in	**check-in** (m)	[ʃɛ'kin]
check-in counter	**balcão** (m) **do check-in**	[baw'kãw du ʃɛ'kin]
to check-in (vi)	**fazer o check-in**	[fa'zer u ʃɛ'kin]
boarding pass	**cartão** (m) **de embarque**	[kar'tãw de ẽ'barki]
departure gate	**portão** (m) **de embarque**	[por'tãw de ẽ'barki]

transit	**trânsito** (m)	['trãzitu]
to wait (vt)	**esperar** (vt)	[ispe'rar]

departure lounge	**sala** (f) **de espera**	['sala de is'pɛra]
to see off	**despedir-se de ...**	[dʒispe'dʒirsi de]
to say goodbye	**despedir-se** (vr)	[dʒispe'dʒirsi]

Life events

109. Holidays. Event

celebration, holiday	festa (f)	['fɛsta]
national day	feriado (m) nacional	[fe'rjadu nasjo'naw]
public holiday	feriado (m)	[fe'rjadu]
to commemorate (vt)	festejar (vt)	[feste'ʒar]
event (happening)	evento (m)	[e'vẽtu]
event (organized activity)	evento (m)	[e'vẽtu]
banquet (party)	banquete (m)	[bã'ketʃi]
reception (formal party)	recepção (f)	[hesep'sãw]
feast	festim (m)	[fes'tʃĩ]
anniversary	aniversário (m)	[aniver'sarju]
jubilee	jubileu (m)	[ʒubi'lew]
to celebrate (vt)	celebrar (vt)	[sele'brar]
New Year	Ano (m) Novo	['anu 'novu]
Happy New Year!	Feliz Ano Novo!	[fe'liz 'anu 'novu]
Santa Claus	Papai Noel (m)	[pa'paj nɔ'ɛl]
Christmas	Natal (m)	[na'taw]
Merry Christmas!	Feliz Natal!	[fe'liz na'taw]
Christmas tree	árvore (f) de Natal	['arvori de na'taw]
fireworks (fireworks show)	fogos (m pl) de artifício	['fogus de artʃi'fisju]
wedding	casamento (m)	[kaza'mẽtu]
groom	noivo (m)	['nojvu]
bride	noiva (f)	['nojva]
to invite (vt)	convidar (vt)	[kõvi'dar]
invitation card	convite (m)	[kõ'vitʃi]
guest	convidado (m)	[kõvi'dadu]
to visit (vt) (~ your parents, etc.)	visitar (vt)	[vizi'tar]
to meet the guests	receber os convidados	[hese'ber us kõvi'dadus]
gift, present	presente (m)	[pre'zẽtʃi]
to give (sth as present)	oferecer, dar (vt)	[ofere'ser], [dar]
to receive gifts	receber presentes	[hese'ber pre'zẽtʃis]
bouquet (of flowers)	buquê (m) de flores	[bu'ke de 'floris]
congratulations	felicitações (f pl)	[felisita'sõjs]
to congratulate (vt)	felicitar (vt)	[felisi'tar]

greeting card	cartão (m) de parabéns	[kar'tãw de para'bẽjs]
to send a postcard	enviar um cartão postal	[ẽ'vjar ũ kart'ãw pos'taw]
to get a postcard	receber um cartão postal	[hese'ber ũ kart'ãw pos'taw]

toast	brinde (m)	['brĩdʒi]
to offer (a drink, etc.)	oferecer (vt)	[ofere'ser]
champagne	champanhe (m)	[ʃã'paɲi]

to enjoy oneself	divertir-se (vr)	[dʒiver'tʃirsi]
merriment (gaiety)	diversão (f)	[dʒiver'sãw]
joy (emotion)	alegria (f)	[ale'gria]

| dance | dança (f) | ['dãsa] |
| to dance (vi, vt) | dançar (vi) | [dã'sar] |

| waltz | valsa (f) | ['vawsa] |
| tango | tango (m) | ['tãgu] |

110. Funerals. Burial

cemetery	cemitério (m)	[semi'tɛrju]
grave, tomb	sepultura (f), túmulo (m)	[sepuw'tura], ['tumulu]
cross	cruz (f)	[kruz]
gravestone	lápide (f)	['lapidʒi]
fence	cerca (f)	['serka]
chapel	capela (f)	[ka'pɛla]

death	morte (f)	['mɔrtʃi]
to die (vi)	morrer (vi)	[mo'her]
the deceased	defunto (m)	[de'fũtu]
mourning	luto (m)	['lutu]

to bury (vt)	enterrar, sepultar (vt)	[ẽte'har], [sepuw'tar]
funeral home	casa (f) funerária	['kaza fune'raria]
funeral	funeral (m)	[fune'raw]

wreath	coroa (f) de flores	[ko'roa de 'flɔris]
casket, coffin	caixão (m)	[kaɪ'ʃãw]
hearse	carro (m) funerário	['kaho fune'rarju]
shroud	mortalha (f)	[mor'taʎa]

funeral procession	procissão (f) funerária	[prosi'sãw fune'rarja]
funerary urn	urna (f) funerária	['urna fune'rarja]
crematory	crematório (m)	[krema'tɔrju]

obituary	obituário (m), necrologia (f)	[obi'twarju], [nekrolo'ʒia]
to cry (weep)	chorar (vi)	[ʃo'rar]
to sob (vi)	soluçar (vi)	[solu'sar]

111. War. Soldiers

platoon	**pelotão** (m)	[pelo'tãw]
company	**companhia** (f)	[kõpa'ɲia]
regiment	**regimento** (m)	[heʒi'mẽtu]
army	**exército** (m)	[e'zɛrsitu]
division	**divisão** (f)	[dʒivi'zãw]
section, squad	**esquadrão** (m)	[iskwa'drãw]
host (army)	**hoste** (f)	['ɔste]
soldier	**soldado** (m)	[sow'dadu]
officer	**oficial** (m)	[ofi'sjaw]
private	**soldado** (m) **raso**	[sow'dadu 'hazu]
sergeant	**sargento** (m)	[sar'ʒẽtu]
lieutenant	**tenente** (m)	[te'nẽtʃi]
captain	**capitão** (m)	[kapi'tãw]
major	**major** (m)	[ma'ʒɔr]
colonel	**coronel** (m)	[koro'nɛw]
general	**general** (m)	[ʒene'raw]
sailor	**marujo** (m)	[ma'ruʒu]
captain	**capitão** (m)	[kapi'tãw]
boatswain	**contramestre** (m)	[kõtra'mɛstri]
artilleryman	**artilheiro** (m)	[artʃi'ʎejru]
paratrooper	**soldado** (m) **paraquedista**	[sow'dadu parake'dʒista]
pilot	**piloto** (m)	[pi'lotu]
navigator	**navegador** (m)	[navega'dor]
mechanic	**mecânico** (m)	[me'kaniku]
pioneer (sapper)	**sapador-mineiro** (m)	[sapa'dor-mi'nejru]
parachutist	**paraquedista** (m)	[parake'dʒista]
reconnaissance scout	**explorador** (m)	[isplora'dor]
sniper	**atirador** (m) **de tocaia**	[atʃira'dor de to'kaja]
patrol (group)	**patrulha** (f)	[pa'truʎa]
to patrol (vt)	**patrulhar** (vt)	[patru'ʎar]
sentry, guard	**sentinela** (f)	[sẽtʃi'nɛla]
warrior	**guerreiro** (m)	[ge'hejru]
patriot	**patriota** (m)	[pa'trjɔta]
hero	**herói** (m)	[e'rɔj]
heroine	**heroína** (f)	[ero'ina]
traitor	**traidor** (m)	[traj'dor]
to betray (vt)	**trair** (vt)	[tra'ir]
deserter	**desertor** (m)	[dezer'tor]
to desert (vi)	**desertar** (vt)	[deser'tar]

mercenary	mercenário (m)	[merse'narju]
recruit	recruta (m)	[he'kruta]
volunteer	voluntário (m)	[volũ'tarju]
dead (n)	morto (m)	['mortu]
wounded (n)	ferido (m)	[fe'ridu]
prisoner of war	prisioneiro (m) de guerra	[prizjo'nejru de 'gɛha]

112. War. Military actions. Part 1

war	guerra (f)	['gɛha]
to be at war	guerrear (vt)	[ge'hjar]
civil war	guerra (f) civil	['gɛha si'viw]
treacherously (adv)	perfidamente	[perfida'mẽtʃi]
declaration of war	declaração (f) de guerra	[deklara'sãw de 'gɛha]
to declare (~ war)	declarar guerra	[dekla'rar 'gɛha]
aggression	agressão (f)	[agre'sãw]
to attack (invade)	atacar (vt)	[ata'kar]
to invade (vt)	invadir (vt)	[ĩva'dʒir]
invader	invasor (m)	[ĩva'zor]
conqueror	conquistador (m)	[kõkista'dor]
defense	defesa (f)	[de'feza]
to defend (a country, etc.)	defender (vt)	[defẽ'der]
to defend (against ...)	defender-se (vr)	[defẽ'dersi]
enemy	inimigo (m)	[ini'migu]
foe, adversary	adversário (m)	[adʒiver'sarju]
enemy (as adj)	inimigo	[ini'migu]
strategy	estratégia (f)	[istra'tɛʒa]
tactics	tática (f)	['tatʃika]
order	ordem (f)	['ordẽ]
command (order)	comando (m)	[ko'mãdu]
to order (vt)	ordenar (vt)	[orde'nar]
mission	missão (f)	[mi'sãw]
secret (adj)	secreto	[se'krɛtu]
battle	batalha (f)	[ba'taʎa]
combat	combate (m)	[kõ'batʃi]
attack	ataque (m)	[a'taki]
charge (assault)	assalto (m)	[a'sawtu]
to storm (vt)	assaltar (vt)	[asaw'tar]
siege (to be under ~)	assédio, sítio (m)	[a'sɛdʒu], ['sitʃju]
offensive (n)	ofensiva (f)	[ofẽ'siva]
to go on the offensive	tomar à ofensiva	[to'mar a ofẽ'siva]

| retreat | retirada (f) | [hetʃi'rada] |
| to retreat (vi) | retirar-se (vr) | [hetʃi'rarse] |

| encirclement | cerco (m) | ['serku] |
| to encircle (vt) | cercar (vt) | [ser'kar] |

bombing (by aircraft)	bombardeio (m)	[bõbar'deju]
to drop a bomb	lançar uma bomba	[lã'sar 'uma 'bõba]
to bomb (vt)	bombardear (vt)	[bõbar'dʒjar]
explosion	explosão (f)	[isplo'zãw]

shot	tiro (m)	['tʃiru]
to fire (~ a shot)	dar um tiro	[dar ũ 'tʃiru]
firing (burst of ~)	tiroteio (m)	[tʃiro'teju]

to aim (to point a weapon)	apontar para ...	[apõ'tar 'para]
to point (a gun)	apontar (vt)	[apõ'tar]
to hit (the target)	acertar (vt)	[aser'tar]

to sink (~ a ship)	afundar (vt)	[afũ'dar]
hole (in a ship)	brecha (f)	['brɛʃa]
to founder, to sink (vi)	afundar-se (vr)	[afũ'darse]

front (war ~)	frente (m)	['frẽtʃi]
evacuation	evacuação (f)	[evakwa'sãw]
to evacuate (vt)	evacuar (vt)	[eva'kwar]

trench	trincheira (f)	[trĩ'ʃejra]
barbwire	arame (m) enfarpado	[a'rami ẽfar'padu]
barrier (anti tank ~)	barreira (f) anti-tanque	[ba'hejra ãtʃi-'tãki]
watchtower	torre (f) de vigia	['tohi de vi'ʒia]

military hospital	hospital (m) militar	[ospi'taw mili'tar]
to wound (vt)	ferir (vt)	[fe'rir]
wound	ferida (f)	[fe'rida]
wounded (n)	ferido (m)	[fe'ridu]
to be wounded	ficar ferido	[fi'kar fe'ridu]
serious (wound)	grave	['gravi]

113. War. Military actions. Part 2

captivity	cativeiro (m)	[katʃi'vejru]
to take captive	capturar (vt)	[kaptu'rar]
to be held captive	estar em cativeiro	[is'tar ẽ katʃi'vejru]
to be taken captive	ser aprisionado	[ser aprizjo'nadu]

| concentration camp | campo (m) de concentração | ['kãpu de kõsẽtra'sãw] |

| prisoner of war | prisioneiro (m) de guerra | [prizjo'nejru de 'gɛha] |
| to escape (vi) | escapar (vi) | [iska'par] |

English	Portuguese	Pronunciation
to betray (vt)	**trair** (vt)	[tra'ir]
betrayer	**traidor** (m)	[traj'dor]
betrayal	**traição** (f)	[traj'sãw]
to execute (by firing squad)	**fuzilar, executar** (vt)	[fuzi'lar], [ezeku'tar]
execution (by firing squad)	**fuzilamento** (m)	[fuzila'mẽtu]
equipment (military gear)	**equipamento** (m)	[ekipa'mẽtu]
shoulder board	**insígnia** (f) **de ombro**	[ĩ'signia de 'õbru]
gas mask	**máscara** (f) **de gás**	['maskara de gajs]
field radio	**rádio** (m)	['hadʒju]
cipher, code	**cifra** (f), **código** (m)	['sifra], ['kɔdʒigu]
secrecy	**conspiração** (f)	[kõspira'sãw]
password	**senha** (f)	['sɛɲa]
land mine	**mina** (f)	['mina]
to mine (road, etc.)	**minar** (vt)	[mi'nar]
minefield	**campo** (m) **minado**	['kãpu mi'nadu]
air-raid warning	**alarme** (m) **aéreo**	[a'larmi a'erju]
alarm (alert signal)	**alarme** (m)	[a'larmi]
signal	**sinal** (m)	[si'naw]
signal flare	**sinalizador** (m)	[sinaliza'dor]
headquarters	**quartel-general** (m)	[kwar'tɛw ʒene'raw]
reconnaissance	**reconhecimento** (m)	[hekoɲesi'mẽtu]
situation	**situação** (f)	[sitwa'sãw]
report	**relatório** (m)	[hela'tɔrju]
ambush	**emboscada** (f)	[ẽbos'kada]
reinforcement (of army)	**reforço** (m)	[he'forsu]
target	**alvo** (m)	['awvu]
proving ground	**campo** (m) **de tiro**	['kãpu de 'tʃiru]
military exercise	**manobras** (f pl)	[ma'nɔbras]
panic	**pânico** (m)	['paniku]
devastation	**devastação** (f)	[devasta'sãw]
destruction, ruins	**ruínas** (f pl)	['hwinas]
to destroy (vt)	**destruir** (vt)	[dʒis'trwir]
to survive (vi, vt)	**sobreviver** (vi)	[sobrivi'ver]
to disarm (vt)	**desarmar** (vt)	[dʒizar'mar]
to handle (~ a gun)	**manusear** (vt)	[manu'zjar]
Attention!	**Sentido!**	[sẽ'tʃidu]
At ease!	**Descansar!**	[dʒiskã'sar]
feat, act of courage	**façanha** (f)	[fa'saɲa]
oath (vow)	**juramento** (m)	[ʒura'mẽtu]
to swear (an oath)	**jurar** (vi)	[ʒu'rar]

decoration (medal, etc.)	condecoração (f)	[kõdekora'sãw]
to award (give medal to)	condecorar (vt)	[kõdeko'rar]
medal	medalha (f)	[me'daʎa]
order (e.g., ~ of Merit)	ordem (f)	['ordẽ]
victory	vitória (f)	[vi'tɔrja]
defeat	derrota (f)	[de'hɔta]
armistice	armistício (m)	[armis'tʃisju]
standard (battle flag)	bandeira (f)	[bã'dejra]
glory (honor, fame)	glória (f)	['glɔrja]
parade	parada (f)	[pa'rada]
to march (on parade)	marchar (vi)	[mar'ʃar]

114. Weapons

weapons	arma (f)	['arma]
firearms	arma (f) de fogo	['arma de 'fogu]
cold weapons (knives, etc.)	arma (f) branca	['arma 'brãka]
chemical weapons	arma (f) química	['arma 'kimika]
nuclear (adj)	nuclear	[nu'kljar]
nuclear weapons	arma (f) nuclear	['arma nu'kljar]
bomb	bomba (f)	['bõba]
atomic bomb	bomba (f) atômica	['bõba a'tomika]
pistol (gun)	pistola (f)	[pis'tɔla]
rifle	rifle (m)	['hifli]
submachine gun	semi-automática (f)	[semi-awto'matʃika]
machine gun	metralhadora (f)	[metraʎa'dora]
muzzle	boca (f)	['boka]
barrel	cano (m)	['kanu]
caliber	calibre (m)	[ka'libri]
trigger	gatilho (m)	[ga'tʃiʎu]
sight (aiming device)	mira (f)	['mira]
magazine	carregador (m)	[kahega'dor]
butt (shoulder stock)	coronha (f)	[ko'rɔɲa]
hand grenade	granada (f) de mão	[gra'nada de mãw]
explosive	explosivo (m)	[isplo'zivu]
bullet	bala (f)	['bala]
cartridge	cartucho (m)	[kar'tuʃu]
charge	carga (f)	['karga]
ammunition	munições (f pl)	[muni'sõjs]
bomber (aircraft)	bombardeiro (m)	[bõbar'dejru]

| fighter | avião (m) de caça | [a'vjãw de 'kasa] |
| helicopter | helicóptero (m) | [eli'kɔpteru] |

anti-aircraft gun	canhão (m) antiaéreo	[ka'ɲãw ãtʃja'ɛrju]
tank	tanque (m)	['tãki]
tank gun	canhão (m)	[ka'ɲãw]

artillery	artilharia (f)	[artʃiʎa'ria]
gun (cannon, howitzer)	canhão (m)	[ka'ɲãw]
to lay (a gun)	fazer a pontaria	[fa'zer a põta'ria]

shell (projectile)	projétil (m)	[pro'ʒɛtʃiw]
mortar bomb	granada (f) de morteiro	[gra'nada de mor'tejru]
mortar	morteiro (m)	[mor'tejru]
splinter (shell fragment)	estilhaço (m)	[istʃi'ʎasu]

submarine	submarino (m)	[subma'rinu]
torpedo	torpedo (m)	[tor'pedu]
missile	míssil (m)	['misiw]

to load (gun)	carregar (vt)	[kahe'gar]
to shoot (vi)	disparar, atirar (vi)	[dʒispa'rar], [atʃi'rar]
to point at (the cannon)	apontar para ...	[apõ'tar 'para]
bayonet	baioneta (f)	[bajo'neta]

rapier	espada (f)	[is'pada]
saber (e.g., cavalry ~)	sabre (m)	['sabri]
spear (weapon)	lança (f)	['lãsa]
bow	arco (m)	['arku]
arrow	flecha (f)	['flɛʃa]
musket	mosquete (m)	[mos'ketʃi]
crossbow	besta (f)	['besta]

115. Ancient people

primitive (prehistoric)	primitivo	[primi'tʃivu]
prehistoric (adj)	pré-histórico	[prɛ-is'tɔriku]
ancient (~ civilization)	antigo	[ã'tʃigu]

Stone Age	Idade (f) da Pedra	[i'dadʒi da 'pɛdra]
Bronze Age	Idade (f) do Bronze	[i'dadʒi du 'brõzi]
Ice Age	Era (f) do Gelo	['ɛra du 'ʒelu]

tribe	tribo (f)	['tribu]
cannibal	canibal (m)	[kani'baw]
hunter	caçador (m)	[kasa'dor]
to hunt (vi, vt)	caçar (vi)	[ka'sar]
mammoth	mamute (m)	[ma'mutʃi]
cave	caverna (f)	[ka'vɛrna]
fire	fogo (m)	['fogu]

campfire	**fogueira** (f)	[fo'gejra]
cave painting	**pintura** (f) **rupestre**	[pĩ'tura hu'pɛstri]
tool (e.g., stone ax)	**ferramenta** (f)	[feha'mẽta]
spear	**lança** (f)	['lãsa]
stone ax	**machado** (m) **de pedra**	[ma'ʃadu de 'pɛdra]
to be at war	**guerrear** (vt)	[ge'hjar]
to domesticate (vt)	**domesticar** (vt)	[domestʃi'kar]
idol	**ídolo** (m)	['idolu]
to worship (vt)	**adorar, venerar** (vt)	[ado'rar], [vene'rar]
superstition	**superstição** (f)	[superstʃi'sãw]
rite	**ritual** (m)	[hi'twaw]
evolution	**evolução** (f)	[evolu'sãw]
development	**desenvolvimento** (m)	[dʒizẽvowvi'mẽtu]
disappearance (extinction)	**extinção** (f)	[istʃi'sãw]
to adapt oneself	**adaptar-se** (vr)	[adap'tarse]
archeology	**arqueologia** (f)	[arkjolo'ʒia]
archeologist	**arqueólogo** (m)	[ar'kjɔlogu]
archeological (adj)	**arqueológico**	[arkjo'lɔʒiku]
excavation site	**escavação** (f)	[iskava'sãw]
excavations	**escavações** (f pl)	[iskava'sõjs]
find (object)	**achado** (m)	[a'ʃadu]
fragment	**fragmento** (m)	[frag'mẽtu]

116. Middle Ages

people (ethnic group)	**povo** (m)	['povu]
peoples	**povos** (m pl)	['povus]
tribe	**tribo** (f)	['tribu]
tribes	**tribos** (f pl)	['tribus]
barbarians	**bárbaros** (pl)	['barbarus]
Gauls	**gauleses** (pl)	[gaw'lezes]
Goths	**godos** (pl)	['godus]
Slavs	**eslavos** (pl)	[iʃ'lavus]
Vikings	**viquingues** (pl)	['vikĩgis]
Romans	**romanos** (pl)	[ho'manus]
Roman (adj)	**romano**	[ho'manu]
Byzantines	**bizantinos** (pl)	[bizã'tʃinus]
Byzantium	**Bizâncio**	[bi'zãsju]
Byzantine (adj)	**bizantino**	[bizã'tʃinu]
emperor	**imperador** (m)	[ĩpera'dor]
leader, chief (tribal ~)	**líder** (m)	['lider]

powerful (~ king)	poderoso	[pode'rozu]
king	rei (m)	[hej]
ruler (sovereign)	governante (m)	[gover'nãtʃi]

knight	cavaleiro (m)	[kava'lejru]
feudal lord	senhor feudal (m)	[se'ɲor few'daw]
feudal (adj)	feudal	[few'daw]
vassal	vassalo (m)	[va'salu]

duke	duque (m)	['duki]
earl	conde (m)	['kõdʒi]
baron	barão (m)	[ba'rãw]
bishop	bispo (m)	['bispu]

armor	armadura (f)	[arma'dura]
shield	escudo (m)	[is'kudu]
sword	espada (f)	[is'pada]
visor	viseira (f)	[vi'zejra]
chainmail	cota (f) de malha	['kɔta de 'maʎa]

| Crusade | cruzada (f) | [kru'zada] |
| crusader | cruzado (m) | [kru'zadu] |

territory	território (m)	[tehi'tɔrju]
to attack (invade)	atacar (vt)	[ata'kar]
to conquer (vt)	conquistar (vt)	[kõkis'tar]
to occupy (invade)	ocupar, invadir (vt)	[oku'parsi], [ĩva'dʒir]

siege (to be under ~)	assédio, sítio (m)	[a'sɛdʒu], ['sitʃju]
besieged (adj)	sitiado	[si'tʃjadu]
to besiege (vt)	assediar, sitiar (vt)	[ase'dʒjar], [si'tʃjar]

inquisition	inquisição (f)	[ĩkizi'sãw]
inquisitor	inquisidor (m)	[ĩkizi'dor]
torture	tortura (f)	[tor'tura]
cruel (adj)	cruel	[kru'ɛw]
heretic	herege (m)	[e'reʒi]
heresy	heresia (f)	[ere'zia]

seafaring	navegação (f) marítima	[navega'sãu ma'ritʃima]
pirate	pirata (m)	[pi'rata]
piracy	pirataria (f)	[pirata'ria]
boarding (attack)	abordagem (f)	[abor'daʒẽ]
loot, booty	presa (f), butim (m)	['preza], [bu'tĩ]
treasures	tesouros (m pl)	[te'zorus]

discovery	descobrimento (m)	[dʒiskobri'mẽtu]
to discover (new land, etc.)	descobrir (vt)	[dʒisko'brir]
expedition	expedição (f)	[ispedʒi'sãw]

| musketeer | mosqueteiro (m) | [moske'tejru] |
| cardinal | cardeal (m) | [kar'dʒjaw] |

| heraldry | heráldica (f) | [e'rawdʒika] |
| heraldic (adj) | heráldico | [e'rawdʒiku] |

117. Leader. Chief. Authorities

king	rei (m)	[hej]
queen	rainha (f)	[ha'iɲa]
royal (adj)	real	[he'aw]
kingdom	reino (m)	['hejnu]
prince	príncipe (m)	['prĩsipi]
princess	princesa (f)	[prĩ'seza]
president	presidente (m)	[prezi'dẽtʃi]
vice-president	vice-presidente (m)	['visi-prezi'dẽtʃi]
senator	senador (m)	[sena'dor]
monarch	monarca (m)	[mo'narka]
ruler (sovereign)	governante (m)	[gover'nãtʃi]
dictator	ditador (m)	[dʒita'dor]
tyrant	tirano (m)	[tʃi'ranu]
magnate	magnata (m)	[mag'nata]
director	diretor (m)	[dʒire'tor]
chief	chefe (m)	['ʃɛfi]
manager (director)	gerente (m)	[ʒe'rẽtʃi]
boss	patrão (m)	[pa'trãw]
owner	dono (m)	['donu]
head (~ of delegation)	chefe (m)	['ʃɛfi]
authorities	autoridades (f pl)	[awtori'dadʒis]
superiors	superiores (m pl)	[supe'rjores]
governor	governador (m)	[governa'dor]
consul	cônsul (m)	['kõsuw]
diplomat	diplomata (m)	[dʒiplo'mata]
mayor	Presidente (m) da Câmara	[prezi'dẽtʃi da 'kamara]
sheriff	xerife (m)	[ʃe'rifi]
emperor	imperador (m)	[ĩpera'dor]
tsar, czar	czar (m)	['kzar]
pharaoh	faraó (m)	[fara'ɔ]
khan	cã, khan (m)	[kã]

118. Breaking the law. Criminals. Part 1

| bandit | bandido (m) | [bã'dʒidu] |
| crime | crime (m) | ['krimi] |

criminal (person)	**criminoso** (m)	[krimi'nozu]
thief	**ladrão** (m)	[la'drãw]
to steal (vi, vt)	**roubar** (vt)	[ho'bar]
stealing (larceny)	**furto** (m)	['furtu]
theft	**furto** (m)	['furtu]
to kidnap (vt)	**raptar, sequestrar** (vt)	[hap'tar], [sekwes'trar]
kidnapping	**sequestro** (m)	[se'kwɛstru]
kidnapper	**sequestrador** (m)	[sekwestra'dor]
ransom	**resgate** (m)	[hez'gatʃi]
to demand ransom	**pedir resgate**	[pe'dʒir hez'gatʃi]
to rob (vt)	**roubar** (vt)	[ho'bar]
robbery	**assalto, roubo** (m)	[a'sawtu], ['hobu]
robber	**assaltante** (m)	[asaw'tãtʃi]
to extort (vt)	**extorquir** (vt)	[istor'kir]
extortionist	**extorsionário** (m)	[istorsjo'narju]
extortion	**extorsão** (f)	[istor'sãw]
to murder, to kill	**matar, assassinar** (vt)	[ma'tar], [asasi'nar]
murder	**homicídio** (m)	[omi'sidʒju]
murderer	**homicida, assassino** (m)	[ɔmi'sida], [asa'sinu]
gunshot	**tiro** (m)	['tʃiru]
to fire (~ a shot)	**dar um tiro**	[dar ũ 'tʃiru]
to shoot to death	**matar a tiro**	[ma'tar a 'tʃiru]
to shoot (vi)	**disparar, atirar** (vi)	[dʒispa'rar], [atʃi'rar]
shooting	**tiroteio** (m)	[tʃiro'teju]
incident (fight, etc.)	**incidente** (m)	[ĩsi'dẽtʃi]
fight, brawl	**briga** (f)	['briga]
Help!	**Socorro!**	[so'kohu]
victim	**vítima** (f)	['vitʃima]
to damage (vt)	**danificar** (vt)	[danifi'kar]
damage	**dano** (m)	['danu]
dead body, corpse	**cadáver** (m)	[ka'daver]
grave (~ crime)	**grave**	['gravi]
to attack (vt)	**atacar** (vt)	[ata'kar]
to beat (to hit)	**bater** (vt)	[ba'ter]
to beat up	**espancar** (vt)	[ispã'kar]
to take (rob of sth)	**tirar** (vt)	[tʃi'rar]
to stab to death	**esfaquear** (vt)	[isfaki'ar]
to maim (vt)	**mutilar** (vt)	[mutʃi'lar]
to wound (vt)	**ferir** (vt)	[fe'rir]
blackmail	**chantagem** (f)	[ʃã'taʒẽ]
to blackmail (vt)	**chantagear** (vt)	[ʃãta'ʒjar]
blackmailer	**chantagista** (m)	[ʃãta'ʒista]

protection racket	extorsão (f)	[istor'sãw]
racketeer	extorsionário (m)	[istorsjo'narju]
gangster	gângster (m)	['gãŋster]
mafia, Mob	máfia (f)	['mafja]

pickpocket	punguista (m)	[pũ'gista]
burglar	assaltante, ladrão (m)	[asaw'tãtʃi], [la'drãw]
smuggling	contrabando (m)	[kõtra'bãdu]
smuggler	contrabandista (m)	[kõtrabã'dʒista]

forgery	falsificação (f)	[fawsifika'sãw]
to forge (counterfeit)	falsificar (vt)	[fawsifi'kar]
fake (forged)	falsificado	[fawsifi'kadu]

119. Breaking the law. Criminals. Part 2

rape	estupro (m)	[is'tupru]
to rape (vt)	estuprar (vt)	[istu'prar]
rapist	estuprador (m)	[istupra'dor]
maniac	maníaco (m)	[ma'niaku]

prostitute (fem.)	prostituta (f)	[prostʃi'tuta]
prostitution	prostituição (f)	[prostʃitwi'sãw]
pimp	cafetão (m)	[kafe'tãw]

drug addict	drogado (m)	[dro'gadu]
drug dealer	traficante (m)	[trafi'kãtʃi]

to blow up (bomb)	explodir (vt)	[isplo'dʒir]
explosion	explosão (f)	[isplo'zãw]
to set fire	incendiar (vt)	[ĩsẽ'dʒjar]
arsonist	incendiário (m)	[ĩsẽ'dʒjarju]

terrorism	terrorismo (m)	[teho'rizmu]
terrorist	terrorista (m)	[teho'rista]
hostage	refém (m)	[he'fẽ]

to swindle (deceive)	enganar (vt)	[ẽga'nar]
swindle, deception	engano (m)	[ẽ'gãnu]
swindler	vigarista (m)	[viga'rista]

to bribe (vt)	subornar (vt)	[subor'nar]
bribery	suborno (m)	[su'bornu]
bribe	suborno (m)	[su'bornu]

poison	veneno (m)	[ve'nɛnu]
to poison (vt)	envenenar (vt)	[ẽvene'nar]
to poison oneself	envenenar-se (vr)	[ẽvene'narsi]
suicide (act)	suicídio (m)	[swi'sidʒju]
suicide (person)	suicida (m)	[swi'sida]

to threaten (vt)	**ameaçar** (vt)	[amea'sar]
threat	**ameaça** (f)	[ame'asa]
to make an attempt	**atentar contra a vida de ...**	[atẽ'tar 'kõtra a 'vida de]
attempt (attack)	**atentado** (m)	[atẽ'tadu]
to steal (a car)	**roubar** (vt)	[ho'bar]
to hijack (a plane)	**sequestrar** (vt)	[sekwes'trar]
revenge	**vingança** (f)	[vĩ'gãsa]
to avenge (get revenge)	**vingar** (vt)	[vĩ'gar]
to torture (vt)	**torturar** (vt)	[tortu'rar]
torture	**tortura** (f)	[tor'tura]
to torment (vt)	**atormentar** (vt)	[atormẽ'tar]
pirate	**pirata** (m)	[pi'rata]
hooligan	**desordeiro** (m)	[dʒizor'dejru]
armed (adj)	**armado**	[ar'madu]
violence	**violência** (f)	[vjo'lẽsja]
illegal (unlawful)	**ilegal**	[ile'gaw]
spying (espionage)	**espionagem** (f)	[ispio'naʒẽ]
to spy (vi)	**espionar** (vi)	[ispjo'nar]

120. Police. Law. Part 1

justice	**justiça** (f)	[ʒus'tʃisa]
court (see you in ~)	**tribunal** (m)	[tribu'naw]
judge	**juiz** (m)	[ʒwiz]
jurors	**jurados** (m pl)	[ʒu'radus]
jury trial	**tribunal** (m) **do júri**	[tribu'naw du 'ʒuri]
to judge, to try (vt)	**julgar** (vt)	[ʒuw'gar]
lawyer, attorney	**advogado** (m)	[adʒivo'gadu]
defendant	**réu** (m)	['hɛw]
dock	**banco** (m) **dos réus**	['bãku dus hɛws]
charge	**acusação** (f)	[akuza'sãw]
accused	**acusado** (m)	[aku'zadu]
sentence	**sentença** (f)	[sẽ'tẽsa]
to sentence (vt)	**sentenciar** (vt)	[sẽtẽ'sjar]
guilty (culprit)	**culpado** (m)	[kuw'padu]
to punish (vt)	**punir** (vt)	[pu'nir]
punishment	**punição** (f)	[puni'sãw]
fine (penalty)	**multa** (f)	['muwta]
life imprisonment	**prisão** (f) **perpétua**	[pri'zãw per'pɛtwa]

death penalty	pena (f) de morte	['pena de 'mɔrtʃi]
electric chair	cadeira (f) elétrica	[ka'dejra e'lɛtrika]
gallows	forca (f)	['fɔrka]

| to execute (vt) | executar (vt) | [ezeku'tar] |
| execution | execução (f) | [ezeku'sãw] |

| prison, jail | prisão (f) | [pri'zãw] |
| cell | cela (f) de prisão | ['sɛla de pri'zãw] |

escort (convoy)	escolta (f)	[is'kɔwta]
prison guard	guarda (m) prisional	['gwarda prizjo'naw]
prisoner	preso (m)	['prezu]

| handcuffs | algemas (f pl) | [aw'ʒɛmas] |
| to handcuff (vt) | algemar (vt) | [awʒe'mar] |

prison break	fuga, evasão (f)	['fuga], [eva'zãw]
to break out (vi)	fugir (vi)	[fu'ʒir]
to disappear (vi)	desaparecer (vi)	[dʒizapare'ser]
to release (from prison)	soltar, libertar (vt)	[sow'tar], [liber'tar]
amnesty	anistia (f)	[anis'tʃia]

police	polícia (f)	[po'lisja]
police officer	polícia (m)	[po'lisja]
police station	delegacia (f) de polícia	[delega'sia de po'lisja]
billy club	cassetete (m)	[kase'tɛtʃi]
bullhorn	megafone (m)	[mega'fɔni]

patrol car	carro (m) de patrulha	['kaho de pa'truʎa]
siren	sirene (f)	[si'rɛni]
to turn on the siren	ligar a sirene	[li'gar a si'rɛni]
siren call	toque (m) da sirene	['tɔki da si'rɛni]

crime scene	cena (f) do crime	['sɛna du 'krimi]
witness	testemunha (f)	[teste'muɲa]
freedom	liberdade (f)	[liber'dadʒi]
accomplice	cúmplice (m)	['kũplisi]
to flee (vi)	escapar (vi)	[iska'par]
trace (to leave a ~)	traço (m)	['trasu]

121. Police. Law. Part 2

search (investigation)	procura (f)	[pro'kura]
to look for ...	procurar (vt)	[proku'rar]
suspicion	suspeita (f)	[sus'pejta]
suspicious (e.g., ~ vehicle)	suspeito	[sus'pejtu]
to stop (cause to halt)	parar (vt)	[pa'rar]
to detain (keep in custody)	deter (vt)	[de'ter]
case (lawsuit)	caso (m)	['kazu]

English	Portuguese	IPA
investigation	investigação (f)	[ĩvestʃiga'sãw]
detective	detetive (m)	[dete'tʃivi]
investigator	investigador (m)	[ĩvestʃiga'dor]
hypothesis	versão (f)	[ver'sãw]
motive	motivo (m)	[mo'tʃivu]
interrogation	interrogatório (m)	[ĩtehoga'tɔrju]
to interrogate (vt)	interrogar (vt)	[ĩteho'gar]
to question (~ neighbors, etc.)	questionar (vt)	[kestʃjo'nar]
check (identity ~)	verificação (f)	[verifika'sãw]
round-up (raid)	batida (f) policial	[ba'tʃida poli'sjaw]
search (~ warrant)	busca (f)	['buska]
chase (pursuit)	perseguição (f)	[persegi'sãw]
to pursue, to chase	perseguir (vt)	[perse'gir]
to track (a criminal)	seguir, rastrear (vt)	[se'gir], [has'trjar]
arrest	prisão (f)	[pri'zãw]
to arrest (sb)	prender (vt)	[prẽ'der]
to catch (thief, etc.)	pegar, capturar (vt)	[pe'gar], [kaptu'rar]
capture	captura (f)	[kap'tura]
document	documento (m)	[doku'mẽtu]
proof (evidence)	prova (f)	['prɔva]
to prove (vt)	provar (vt)	[pro'var]
footprint	pegada (f)	[pe'gada]
fingerprints	impressões (f pl) digitais	[impre'sõjs dʒiʒi'tajs]
piece of evidence	prova (f)	['prɔva]
alibi	álibi (m)	['alibi]
innocent (not guilty)	inocente	[ino'sẽtʃi]
injustice	injustiça (f)	[ĩʒus'tʃisa]
unjust, unfair (adj)	injusto	[ĩ'ʒustu]
criminal (adj)	criminal	[krimi'naw]
to confiscate (vt)	confiscar (vt)	[kõfis'kar]
drug (illegal substance)	droga (f)	['drɔga]
weapon, gun	arma (f)	['arma]
to disarm (vt)	desarmar (vt)	[dʒizar'mar]
to order (command)	ordenar (vt)	[orde'nar]
to disappear (vi)	desaparecer (vi)	[dʒizapare'ser]
law	lei (f)	[lej]
legal, lawful (adj)	legal	[le'gaw]
illegal, illicit (adj)	ilegal	[ile'gaw]
responsibility (blame)	responsabilidade (f)	[hespõsabili'dadʒi]
responsible (adj)	responsável	[hespõ'savew]

NATURE

The Earth. Part 1

122. Outer space

space	espaço, cosmo (m)	[is'pasu], ['kɔzmu]
space (as adj)	espacial, cósmico	[ispa'sjaw], ['kɔzmiku]
outer space	espaço (m) cósmico	[is'pasu 'kɔzmiku]
world	mundo (m)	['mūdu]
universe	universo (m)	[uni'vɛrsu]
galaxy	galáxia (f)	[ga'laksja]
star	estrela (f)	[is'trela]
constellation	constelação (f)	[kõstela'sãw]
planet	planeta (m)	[pla'neta]
satellite	satélite (m)	[sa'tɛlitʃi]
meteorite	meteorito (m)	[meteo'ritu]
comet	cometa (m)	[ko'meta]
asteroid	asteroide (m)	[aste'rɔjdʒi]
orbit	órbita (f)	['ɔrbita]
to revolve (~ around the Earth)	girar (vi)	[ʒi'rar]
atmosphere	atmosfera (f)	[atmos'fɛra]
the Sun	Sol (m)	[sɔw]
solar system	Sistema (m) Solar	[sis'tɛma so'lar]
solar eclipse	eclipse (m) solar	[e'klipsi so'lar]
the Earth	Terra (f)	['tɛha]
the Moon	Lua (f)	['lua]
Mars	Marte (m)	['martʃi]
Venus	Vênus (f)	['venus]
Jupiter	Júpiter (m)	['ʒupiter]
Saturn	Saturno (m)	[sa'turnu]
Mercury	Mercúrio (m)	[mer'kurju]
Uranus	Urano (m)	[u'ranu]
Neptune	Netuno (m)	[ne'tunu]
Pluto	Plutão (m)	[plu'tãw]
Milky Way	Via Láctea (f)	['via 'laktja]

| Great Bear (Ursa Major) | **Ursa Maior** (f) | [ursa ma'jɔr] |
| North Star | **Estrela Polar** (f) | [iʃ'trela po'lar] |

Martian	**marciano** (m)	[mar'sjanu]
extraterrestrial (n)	**extraterrestre** (m)	[estrate'hɛstri]
alien	**alienígena** (m)	[alje'niʒena]
flying saucer	**disco** (m) **voador**	['dʒisku vwa'dor]

spaceship	**nave** (f) **espacial**	['navi ispa'sjaw]
space station	**estação** (f) **orbital**	[eʃta'sãw orbi'taw]
blast-off	**lançamento** (m)	[lãsa'mẽtu]

engine	**motor** (m)	[mo'tor]
nozzle	**bocal** (m)	[bo'kaw]
fuel	**combustível** (m)	[kõbus'tʃivew]

cockpit, flight deck	**cabine** (f)	[ka'bini]
antenna	**antena** (f)	[ã'tɛna]
porthole	**vigia** (f)	[vi'ʒia]
solar panel	**bateria** (f) **solar**	[bate'ria so'lar]
spacesuit	**traje** (m) **espacial**	['traʒi ispa'sjaw]

| weightlessness | **imponderabilidade** (f) | [ĩpõderabili'dadʒi] |
| oxygen | **oxigênio** (m) | [oksi'ʒenju] |

| docking (in space) | **acoplagem** (f) | [ako'plaʒẽ] |
| to dock (vi, vt) | **fazer uma acoplagem** | [fa'zer 'uma ako'plaʒẽ] |

observatory	**observatório** (m)	[observa'tɔrju]
telescope	**telescópio** (m)	[tele'skɔpju]
to observe (vt)	**observar** (vt)	[obser'var]
to explore (vt)	**explorar** (vt)	[isplo'rar]

123. The Earth

the Earth	**Terra** (f)	['tɛha]
the globe (the Earth)	**globo** (m) **terrestre**	['globu te'hɛstri]
planet	**planeta** (m)	[pla'neta]

atmosphere	**atmosfera** (f)	[atmos'fɛra]
geography	**geografia** (f)	[ʒeogra'fia]
nature	**natureza** (f)	[natu'reza]

globe (table ~)	**globo** (m)	['globu]
map	**mapa** (m)	['mapa]
atlas	**atlas** (m)	['atlas]

Europe	**Europa** (f)	[ew'rɔpa]
Asia	**Ásia** (f)	['azja]
Africa	**África** (f)	['afrika]

Australia	**Austrália** (f)	[aws'tralja]
America	**América** (f)	[a'mɛrika]
North America	**América** (f) **do Norte**	[a'mɛrika du 'nɔrtʃi]
South America	**América** (f) **do Sul**	[a'mɛrika du suw]

| Antarctica | **Antártida** (f) | [ã'tartʃida] |
| the Arctic | **Ártico** (m) | ['artʃiku] |

124. Cardinal directions

north	**norte** (m)	['nɔrtʃi]
to the north	**para norte**	['para 'nɔrtʃi]
in the north	**no norte**	[nu 'nɔrtʃi]
northern (adj)	**do norte**	[du 'nɔrtʃi]

south	**sul** (m)	[suw]
to the south	**para sul**	['para suw]
in the south	**no sul**	[nu suw]
southern (adj)	**do sul**	[du suw]

west	**oeste, ocidente** (m)	['wɛstʃi], [osi'dẽtʃi]
to the west	**para oeste**	['para 'wɛstʃi]
in the west	**no oeste**	[nu 'wɛstʃi]
western (adj)	**ocidental**	[osidẽ'taw]

east	**leste, oriente** (m)	['lɛstʃi], [o'rjẽtʃi]
to the east	**para leste**	['para 'lɛstʃi]
in the east	**no leste**	[nu 'lɛstʃi]
eastern (adj)	**oriental**	[orjẽ'taw]

125. Sea. Ocean

sea	**mar** (m)	[mah]
ocean	**oceano** (m)	[o'sjanu]
gulf (bay)	**golfo** (m)	['gowfu]
straits	**estreito** (m)	[is'trejtu]

land (solid ground)	**terra** (f) **firme**	['tɛha 'firmi]
continent (mainland)	**continente** (m)	[kõtʃi'nẽtʃi]
island	**ilha** (f)	['iʎa]
peninsula	**península** (f)	[pe'nĩsula]
archipelago	**arquipélago** (m)	[arki'pɛlagu]

bay, cove	**baía** (f)	[ba'ia]
harbor	**porto** (m)	['portu]
lagoon	**lagoa** (f)	[la'goa]
cape	**cabo** (m)	['kabu]
atoll	**atol** (m)	[a'tɔw]

English	Portuguese	Pronunciation
reef	**recife** (m)	[heˈsifi]
coral	**coral** (m)	[koˈraw]
coral reef	**recife** (m) **de coral**	[heˈsifi de koˈraw]
deep (adj)	**profundo**	[proˈfũdu]
depth (deep water)	**profundidade** (f)	[profũdʒiˈdadʒi]
abyss	**abismo** (m)	[aˈbizmu]
trench (e.g., Mariana ~)	**fossa** (f) **oceânica**	[ˈfɔsa oˈsjanika]
current (Ocean ~)	**corrente** (f)	[koˈhẽtʃi]
to surround (bathe)	**banhar** (vt)	[baˈɲar]
shore	**litoral** (m)	[litoˈraw]
coast	**costa** (f)	[ˈkɔsta]
flow (flood tide)	**maré** (f) **alta**	[maˈrɛ ˈawta]
ebb (ebb tide)	**refluxo** (m)	[heˈfluksu]
shoal	**restinga** (f)	[hesˈtʃĩga]
bottom (~ of the sea)	**fundo** (m)	[ˈfũdu]
wave	**onda** (f)	[ˈõda]
crest (~ of a wave)	**crista** (f) **da onda**	[ˈkrista da ˈõda]
spume (sea foam)	**espuma** (f)	[isˈpuma]
storm (sea storm)	**tempestade** (f)	[tẽpesˈtadʒi]
hurricane	**furacão** (m)	[furaˈkãw]
tsunami	**tsunami** (m)	[tsuˈnami]
calm (dead ~)	**calmaria** (f)	[kawmaˈria]
quiet, calm (adj)	**calmo**	[ˈkawmu]
pole	**polo** (m)	[ˈpolu]
polar (adj)	**polar**	[poˈlar]
latitude	**latitude** (f)	[latʃiˈtudʒi]
longitude	**longitude** (f)	[lõʒiˈtudʒi]
parallel	**paralela** (f)	[paraˈlɛla]
equator	**equador** (m)	[ekwaˈdor]
sky	**céu** (m)	[sɛw]
horizon	**horizonte** (m)	[oriˈzõtʃi]
air	**ar** (m)	[ar]
lighthouse	**farol** (m)	[faˈrɔw]
to dive (vi)	**mergulhar** (vi)	[merguˈʎar]
to sink (ab. boat)	**afundar-se** (vr)	[afũˈdarse]
treasures	**tesouros** (m pl)	[teˈzorus]

126. Seas' and Oceans' names

Atlantic Ocean	**Oceano** (m) **Atlântico**	[oˈsjanu atˈlãtʃiku]
Indian Ocean	**Oceano** (m) **Índico**	[oˈsjanu ˈĩdiku]

| Pacific Ocean | **Oceano** (m) **Pacífico** | [o'sjanu pa'sifiku] |
| Arctic Ocean | **Oceano** (m) **Ártico** | [o'sjanu 'artʃiku] |

Black Sea	**Mar** (m) **Negro**	[mah 'negru]
Red Sea	**Mar** (m) **Vermelho**	[mah ver'meʎu]
Yellow Sea	**Mar** (m) **Amarelo**	[mah ama'rɛlu]
White Sea	**Mar** (m) **Branco**	[mah 'brãku]

Caspian Sea	**Mar** (m) **Cáspio**	[mah 'kaspju]
Dead Sea	**Mar** (m) **Morto**	[mah 'mortu]
Mediterranean Sea	**Mar** (m) **Mediterrâneo**	[mah medʒite'hanju]

| Aegean Sea | **Mar** (m) **Egeu** | [mah e'ʒew] |
| Adriatic Sea | **Mar** (m) **Adriático** | [mah a'drjatʃiku] |

Arabian Sea	**Mar** (m) **Arábico**	[mah a'rabiku]
Sea of Japan	**Mar** (m) **do Japão**	[mah du ʒa'pãw]
Bering Sea	**Mar** (m) **de Bering**	[mah de berĩgi]
South China Sea	**Mar** (m) **da China Meridional**	[mah da 'ʃina meridʒjo'naw]

Coral Sea	**Mar** (m) **de Coral**	[mah de ko'raw]
Tasman Sea	**Mar** (m) **de Tasman**	[mah de tazman]
Caribbean Sea	**Mar** (m) **do Caribe**	[mah du ka'ribi]

| Barents Sea | **Mar** (m) **de Barents** | [mah de barẽts] |
| Kara Sea | **Mar** (m) **de Kara** | [mah de 'kara] |

North Sea	**Mar** (m) **do Norte**	[mah du 'nortʃi]
Baltic Sea	**Mar** (m) **Báltico**	[mah 'bawtʃiku]
Norwegian Sea	**Mar** (m) **da Noruega**	[mah da nor'wɛga]

127. Mountains

mountain	**montanha** (f)	[mõ'taɲa]
mountain range	**cordilheira** (f)	[kordʒi'ʎejra]
mountain ridge	**serra** (f)	['sɛha]

summit, top	**cume** (m)	['kumi]
peak	**pico** (m)	['piku]
foot (~ of the mountain)	**pé** (m)	[pɛ]
slope (mountainside)	**declive** (m)	[de'klivi]

volcano	**vulcão** (m)	[vuw'kãw]
active volcano	**vulcão** (m) **ativo**	[vuw'kãw a'tʃivu]
dormant volcano	**vulcão** (m) **extinto**	[vuw'kãw is'tʃĩtu]

eruption	**erupção** (f)	[erup'sãw]
crater	**cratera** (f)	[kra'tɛra]
magma	**magma** (m)	['magma]

| lava | **lava** (f) | ['lava] |
| molten (~ lava) | **fundido** | [fũ'dʒidu] |

canyon	**cânion, desfiladeiro** (m)	['kanjon], [dʒisfila'dejru]
gorge	**garganta** (f)	[gar'gãta]
crevice	**fenda** (f)	['fẽda]
abyss (chasm)	**precipício** (m)	[presi'pisju]

pass, col	**passo, colo** (m)	['pasu], ['kɔlu]
plateau	**planalto** (m)	[pla'nawtu]
cliff	**falésia** (f)	[fa'lɛzja]
hill	**colina** (f)	[ko'lina]

| glacier | **geleira** (f) | [ʒe'lejra] |
| waterfall | **cachoeira** (f) | [kaʃ'wejra] |

| geyser | **gêiser** (m) | ['ʒɛjzer] |
| lake | **lago** (m) | ['lagu] |

plain	**planície** (f)	[pla'nisi]
landscape	**paisagem** (f)	[paj'zaʒẽ]
echo	**eco** (m)	['ɛku]

alpinist	**alpinista** (m)	[awpi'nista]
rock climber	**escalador** (m)	[iskala'dor]
to conquer (in climbing)	**conquistar** (vt)	[kõkis'tar]
climb (an easy ~)	**subida, escalada** (f)	[su'bida], [iska'lada]

128. Mountains names

The Alps	**Alpes** (m pl)	['awpis]
Mont Blanc	**Monte Branco** (m)	['mõtʃi 'brãku]
The Pyrenees	**Pirineus** (m pl)	[piri'news]

| The Carpathians | **Cárpatos** (m pl) | ['karpatus] |
| The Ural Mountains | **Urais** (m pl) | [u'rajs] |

| The Caucasus Mountains | **Cáucaso** (m) | ['kawkazu] |
| Mount Elbrus | **Elbrus** (m) | [el'brus] |

The Altai Mountains	**Altai** (m)	[al'taj]
The Tian Shan	**Tian Shan** (m)	[tjan ʃan]
The Pamir Mountains	**Pamir** (m)	[pa'mir]

| The Himalayas | **Himalaia** (m) | [ima'laja] |
| Mount Everest | **monte Everest** (m) | ['mõtʃi eve'rest] |

| The Andes | **Cordilheira** (f) **dos Andes** | [kordʒi'ʎejra dus 'ãdʒis] |
| Mount Kilimanjaro | **Kilimanjaro** (m) | [kilimã'ʒaru] |

129. Rivers

river	rio (m)	['hiu]
spring (natural source)	fonte, nascente (f)	['fõtʃi], [na'sẽtʃi]
riverbed (river channel)	leito (m) de rio	['lejtu de 'hiu]
basin (river valley)	bacia (f)	[ba'sia]
to flow into ...	desaguar no ...	[dʒiza'gwar nu]
tributary	afluente (m)	[a'flwẽtʃi]
bank (of river)	margem (f)	['marʒẽ]
current (stream)	corrente (f)	[ko'hẽtʃi]
downstream (adv)	rio abaixo	['hiu a'baɪʃu]
upstream (adv)	rio acima	['hiu a'sima]
inundation	inundação (f)	[ĩtrodu'sãw]
flooding	cheia (f)	['ʃeja]
to overflow (vi)	transbordar (vi)	[trãzbor'dar]
to flood (vt)	inundar (vt)	[inũ'dar]
shallow (shoal)	banco (m) de areia	['bãku de a'reja]
rapids	corredeira (f)	[kohe'dejra]
dam	barragem (f)	[ba'haʒẽ]
canal	canal (m)	[ka'naw]
reservoir (artificial lake)	reservatório (m) de água	[hezerva'tɔrju de 'agwa]
sluice, lock	eclusa (f)	[e'kluza]
water body (pond, etc.)	corpo (m) de água	['kɔrpu de 'agwa]
swamp (marshland)	pântano (m)	['pãtanu]
bog, marsh	lamaçal (m)	[lama'saw]
whirlpool	rodamoinho (m)	[hodamo'iɲu]
stream (brook)	riacho (m)	['hjaʃu]
drinking (ab. water)	potável	[po'tavew]
fresh (~ water)	doce	['dosi]
ice	gelo (m)	['ʒelu]
to freeze over (ab. river, etc.)	congelar-se (vr)	[kõʒe'larsi]

130. Rivers' names

Seine	rio Sena (m)	['hiu 'sɛna]
Loire	rio Loire (m)	['hiu lu'ar]
Thames	rio Tâmisa (m)	['hiu 'tamiza]
Rhine	rio Reno (m)	['hiu 'henu]
Danube	rio Danúbio (m)	['hiu da'nubju]

Volga	rio Volga (m)	['hiu 'vɔlga]
Don	rio Don (m)	['hiu dɔn]
Lena	rio Lena (m)	['hiu 'lena]
Yellow River	rio Amarelo (m)	['hiu ama'rɛlu]
Yangtze	rio Yangtzé (m)	['hiu jã'gtzɛ]
Mekong	rio Mekong (m)	['hiu mi'kõg]
Ganges	rio Ganges (m)	['hiu 'gændʒi:z]
Nile River	rio Nilo (m)	['hiu 'nilu]
Congo River	rio Congo (m)	['hiu 'kõgu]
Okavango River	rio Cubango (m)	['hiu ku'bãgu]
Zambezi River	rio Zambeze (m)	['hiu zã'bezi]
Limpopo River	rio Limpopo (m)	['hiu lĩ'popu]
Mississippi River	rio Mississippi (m)	['hiu misi'sipi]

131. Forest

forest, wood	floresta (f), bosque (m)	[flo'rɛsta], ['bɔski]
forest (as adj)	florestal	[flores'taw]
thick forest	mata (f) fechada	['mata fe'ʃada]
grove	arvoredo (m)	[arvo'redu]
forest clearing	clareira (f)	[kla'rejra]
thicket	matagal (m)	[mata'gaw]
scrubland	mato (m), caatinga (f)	['matu], [ka'tʃĩga]
footpath (troddenpath)	trilha, vereda (f)	['triʎa], [ve'reda]
gully	ravina (f)	[ha'vina]
tree	árvore (f)	['arvori]
leaf	folha (f)	['foʎa]
leaves (foliage)	folhagem (f)	[fo'ʎaʒẽ]
fall of leaves	queda (f) das folhas	['kɛda das 'foʎas]
to fall (ab. leaves)	cair (vi)	[ka'ir]
top (of the tree)	topo (m)	['topu]
branch	ramo (m)	['hamu]
bough	galho (m)	['gaʎu]
bud (on shrub, tree)	botão (m)	[bo'tãw]
needle (of pine tree)	agulha (f)	[a'guʎa]
pine cone	pinha (f)	['piɲa]
tree hollow	buraco (m) de árvore	[bu'raku de 'arvori]
nest	ninho (m)	['niɲu]
burrow (animal hole)	toca (f)	['tɔka]
trunk	tronco (m)	['trõku]
root	raiz (f)	[ha'iz]

| bark | casca (f) de árvore | ['kaska de 'arvori] |
| moss | musgo (m) | ['muzgu] |

to uproot (remove trees or tree stumps)	arrancar pela raiz	[ahã'kar 'pɛla ha'iz]
to chop down	cortar (vt)	[kor'tar]
to deforest (vt)	desflorestar (vt)	[dʒisflores'tar]
tree stump	toco, cepo (m)	['toku], ['sepu]

campfire	fogueira (f)	[fo'gejra]
forest fire	incêndio (m) florestal	[ĩ'sẽdʒju flores'taw]
to extinguish (vt)	apagar (vt)	[apa'gar]

forest ranger	guarda-parque (m)	['gwarda 'parki]
protection	proteção (f)	[prote'sãw]
to protect (~ nature)	proteger (vt)	[prote'ʒer]
poacher	caçador (m) furtivo	[kasa'dor fur'tʃivu]
steel trap	armadilha (f)	arma'dʒiʎa]

| to gather, to pick (vt) | colher (vt) | [ko'ʎer] |
| to lose one's way | perder-se (vr) | [per'dersi] |

132. Natural resources

natural resources	recursos (m pl) naturais	[he'kursus natu'rajs]
minerals	minerais (m pl)	[mine'rajs]
deposits	depósitos (m pl)	[de'pɔzitus]
field (e.g., oilfield)	jazida (f)	[ʒa'zida]

to mine (extract)	extrair (vt)	[istra'jir]
mining (extraction)	extração (f)	[istra'sãw]
ore	minério (m)	[mi'nɛrju]
mine (e.g., for coal)	mina (f)	['mina]
shaft (mine ~)	poço (m) de mina	['posu de 'mina]
miner	mineiro (m)	[mi'nejru]

| gas (natural ~) | gás (m) | [gajs] |
| gas pipeline | gasoduto (m) | [gazo'dutu] |

oil (petroleum)	petróleo (m)	[pe'trɔlju]
oil pipeline	oleoduto (m)	[oljo'dutu]
oil well	poço (m) de petróleo	['posu de pe'trɔlju]
derrick (tower)	torre (f) petrolífera	['tohi petro'lifera]
tanker	petroleiro (m)	[petro'lejru]

sand	areia (f)	[a'reja]
limestone	calcário (m)	[kaw'karju]
gravel	cascalho (m)	[kas'kaʎu]
peat	turfa (f)	['turfa]
clay	argila (f)	[ar'ʒila]

coal	**carvão** (m)	[kar'vãw]
iron (ore)	**ferro** (m)	['fɛhu]
gold	**ouro** (m)	['oru]
silver	**prata** (f)	['prata]
nickel	**níquel** (m)	['nikew]
copper	**cobre** (m)	['kɔbri]
zinc	**zinco** (m)	['zĩku]
manganese	**manganês** (m)	[mãga'nes]
mercury	**mercúrio** (m)	[mer'kurju]
lead	**chumbo** (m)	['ʃũbu]
mineral	**mineral** (m)	[mine'raw]
crystal	**cristal** (m)	[kris'taw]
marble	**mármore** (m)	['marmori]
uranium	**urânio** (m)	[u'ranju]

The Earth. Part 2

133. Weather

weather	tempo (m)	['tẽpu]
weather forecast	previsão (f) do tempo	[previ'zãw du 'tẽpu]
temperature	temperatura (f)	[tẽpera'tura]
thermometer	termômetro (m)	[ter'mometru]
barometer	barômetro (m)	[ba'romɛtru]
humid (adj)	úmido	['umidu]
humidity	umidade (f)	[umi'dadʒi]
heat (extreme ~)	calor (m)	[ka'lor]
hot (torrid)	tórrido	['tɔhidu]
it's hot	está muito calor	[is'ta 'mwĩtu ka'lor]
it's warm	está calor	[is'ta ka'lor]
warm (moderately hot)	quente	['kẽtʃi]
it's cold	está frio	[is'ta 'friu]
cold (adj)	frio	['friu]
sun	sol (m)	[sɔw]
to shine (vi)	brilhar (vi)	[bri'ʎar]
sunny (day)	de sol, ensolarado	[de sɔw], [ẽsola'radu]
to come up (vi)	nascer (vi)	[na'ser]
to set (vi)	pôr-se (vr)	['porsi]
cloud	nuvem (f)	['nuvẽj]
cloudy (adj)	nublado	[nu'bladu]
rain cloud	nuvem (f) preta	['nuvẽj 'preta]
somber (gloomy)	escuro	[is'kuru]
rain	chuva (f)	['ʃuva]
it's raining	está a chover	[is'ta a ʃo'ver]
rainy (~ day, weather)	chuvoso	[ʃu'vozu]
to drizzle (vi)	chuviscar (vi)	[ʃuvis'kar]
pouring rain	chuva (f) torrencial	['ʃuva tohẽ'sjaw]
downpour	aguaceiro (m)	[agwa'sejru]
heavy (e.g., ~ rain)	forte	['fɔrtʃi]
puddle	poça (f)	['posa]
to get wet (in rain)	molhar-se (vr)	[mo'ʎarsi]
fog (mist)	nevoeiro (m)	[nevo'ejru]
foggy	de nevoeiro	[de nevu'ejru]

| snow | neve (f) | ['nɛvi] |
| it's snowing | está nevando | [is'ta ne'vãdu] |

134. Severe weather. Natural disasters

thunderstorm	trovoada (f)	[tro'vwada]
lightning (~ strike)	relâmpago (m)	[he'lãpagu]
to flash (vi)	relampejar (vi)	[helãpe'ʒar]

thunder	trovão (m)	[tro'vãw]
to thunder (vi)	trovejar (vi)	[trove'ʒar]
it's thundering	está trovejando	[is'ta trove'ʒãdu]

| hail | granizo (m) | [gra'nizu] |
| it's hailing | está caindo granizo | [is'ta ka'ĩdu gra'nizu] |

| to flood (vt) | inundar (vt) | [inũ'dar] |
| flood, inundation | inundação (f) | [ĩtrodu'sãw] |

earthquake	terremoto (m)	[tehe'mɔtu]
tremor, shoke	abalo, tremor (m)	[a'balu], [tre'mor]
epicenter	epicentro (m)	[epi'sẽtru]

| eruption | erupção (f) | [erup'sãw] |
| lava | lava (f) | ['lava] |

twister	tornado (m)	[tor'nadu]
tornado	tornado (m)	[tor'nadu]
typhoon	tufão (m)	[tu'fãw]

hurricane	furacão (m)	[fura'kãw]
storm	tempestade (f)	[tẽpes'tadʒi]
tsunami	tsunami (m)	[tsu'nami]

cyclone	ciclone (m)	[si'klɔni]
bad weather	mau tempo (m)	[maw 'tẽpu]
fire (accident)	incêndio (m)	[ĩ'sẽdʒju]
disaster	catástrofe (f)	[ka'tastrofi]
meteorite	meteorito (m)	[meteo'ritu]

avalanche	avalanche (f)	[ava'lãʃi]
snowslide	deslizamento (m) de neve	[dʒizliza'mẽtu de 'nɛvi]
blizzard	nevasca (f)	[ne'vaska]
snowstorm	tempestade (f) de neve	[tẽpes'tadʒi de 'nɛvi]

Fauna

135. Mammals. Predators

predator	**predador** (m)	[preda'dor]
tiger	**tigre** (m)	['tʃigri]
lion	**leão** (m)	[le'ãw]
wolf	**lobo** (m)	['lobu]
fox	**raposa** (f)	[ha'pozu]
jaguar	**jaguar** (m)	[ʒa'gwar]
leopard	**leopardo** (m)	[ljo'pardu]
cheetah	**chita** (f)	['ʃita]
black panther	**pantera** (f)	[pã'tɛra]
puma	**puma** (m)	['puma]
snow leopard	**leopardo-das-neves** (m)	[ljo'pardu das 'nɛvis]
lynx	**lince** (m)	['lĩsi]
coyote	**coiote** (m)	[ko'jotʃi]
jackal	**chacal** (m)	[ʃa'kaw]
hyena	**hiena** (f)	['jena]

136. Wild animals

animal	**animal** (m)	[ani'maw]
beast (animal)	**besta** (f)	['bɛsta]
squirrel	**esquilo** (m)	[is'kilu]
hedgehog	**ouriço** (m)	[o'risu]
hare	**lebre** (f)	['lɛbri]
rabbit	**coelho** (m)	[ko'eʎu]
badger	**texugo** (m)	[te'ʃugu]
raccoon	**guaxinim** (m)	[gwaʃi'nĩ]
hamster	**hamster** (m)	['amster]
marmot	**marmota** (f)	[mah'mɔta]
mole	**toupeira** (f)	[to'pejra]
mouse	**rato** (m)	['hatu]
rat	**ratazana** (f)	[hata'zana]
bat	**morcego** (m)	[mor'segu]
ermine	**arminho** (m)	[ar'miɲu]
sable	**zibelina** (f)	[zibe'lina]

marten	**marta** (f)	['mahta]
weasel	**doninha** (f)	[do'niɲa]
mink	**visom** (m)	[vi'zõ]

| beaver | **castor** (m) | [kas'tor] |
| otter | **lontra** (f) | ['lõtra] |

horse	**cavalo** (m)	[ka'valu]
moose	**alce** (m)	['awsi]
deer	**veado** (m)	['vjadu]
camel	**camelo** (m)	[ka'melu]

bison	**bisão** (m)	[bi'zãw]
wisent	**auroque** (m)	[aw'rɔki]
buffalo	**búfalo** (m)	['bufalu]

zebra	**zebra** (f)	['zebra]
antelope	**antílope** (m)	[ã'tʃilopi]
roe deer	**corça** (f)	['kɔrsa]
fallow deer	**gamo** (m)	['gamu]
chamois	**camurça** (f)	[ka'mursa]
wild boar	**javali** (m)	[ʒava'li]

whale	**baleia** (f)	[ba'leja]
seal	**foca** (f)	['fɔka]
walrus	**morsa** (f)	['mɔhsa]
fur seal	**urso-marinho** (m)	['ursu ma'riɲu]
dolphin	**golfinho** (m)	[gow'fiɲu]

bear	**urso** (m)	['ursu]
polar bear	**urso** (m) **polar**	['ursu po'lar]
panda	**panda** (m)	['pãda]

monkey	**macaco** (m)	[ma'kaku]
chimpanzee	**chimpanzé** (m)	[ʃĩpã'zɛ]
orangutan	**orangotango** (m)	[orãgu'tãgu]
gorilla	**gorila** (m)	[go'rila]
macaque	**macaco** (m)	[ma'kaku]
gibbon	**gibão** (m)	[ʒi'bãw]

elephant	**elefante** (m)	[ele'fãtʃi]
rhinoceros	**rinoceronte** (m)	[hinose'rõtʃi]
giraffe	**girafa** (f)	[ʒi'rafa]
hippopotamus	**hipopótamo** (m)	[ipo'pɔtamu]

| kangaroo | **canguru** (m) | [kãgu'ru] |
| koala (bear) | **coala** (m) | ['kwala] |

mongoose	**mangusto** (m)	[mã'gustu]
chinchilla	**chinchila** (f)	[ʃĩ'ʃila]
skunk	**cangambá** (f)	[kã'gãba]
porcupine	**porco-espinho** (m)	['pɔrku is'piɲu]

137. Domestic animals

cat	**gata** (f)	['gata]
tomcat	**gato** (m) **macho**	['gatu 'maʃu]
dog	**cão** (m)	['kãw]

horse	**cavalo** (m)	[ka'valu]
stallion (male horse)	**garanhão** (m)	[gara'ɲãw]
mare	**égua** (f)	['ɛgwa]

cow	**vaca** (f)	['vaka]
bull	**touro** (m)	['toru]
ox	**boi** (m)	[boj]

sheep (ewe)	**ovelha** (f)	[o'veʎa]
ram	**carneiro** (m)	[kar'nejru]
goat	**cabra** (f)	['kabra]
billy goat, he-goat	**bode** (m)	['bɔdʒi]

donkey	**burro** (m)	['buhu]
mule	**mula** (f)	['mula]

pig, hog	**porco** (m)	['porku]
piglet	**leitão** (m)	[lej'tãw]
rabbit	**coelho** (m)	[ko'eʎu]

hen (chicken)	**galinha** (f)	[ga'liɲa]
rooster	**galo** (m)	['galu]

duck	**pata** (f)	['pata]
drake	**pato** (m)	['patu]
goose	**ganso** (m)	['gãsu]

tom turkey, gobbler	**peru** (m)	[pe'ru]
turkey (hen)	**perua** (f)	[pe'rua]

domestic animals	**animais** (m pl) **domésticos**	[ani'majs do'mɛstʃikus]
tame (e.g., ~ hamster)	**domesticado**	[domestʃi'kadu]
to tame (vt)	**domesticar** (vt)	[domestʃi'kar]
to breed (vt)	**criar** (vt)	[krjar]

farm	**fazenda** (f)	[fa'zẽda]
poultry	**aves** (f pl) **domésticas**	['avis do'mɛstʃikas]
cattle	**gado** (m)	['gadu]
herd (cattle)	**rebanho** (m), **manada** (f)	[he'baɲu], [ma'nada]

stable	**estábulo** (m)	[is'tabulu]
pigpen	**chiqueiro** (m)	[ʃi'kejru]
cowshed	**estábulo** (m)	[is'tabulu]
rabbit hutch	**coelheira** (f)	[kue'ʎejra]
hen house	**galinheiro** (m)	[gali'ɲejru]

138. Birds

bird	pássaro (m), ave (f)	['pasaru], ['avi]
pigeon	pombo (m)	['põbu]
sparrow	pardal (m)	[par'daw]
tit (great tit)	chapim-real (m)	[ʃa'pĩ-he'aw]
magpie	pega-rabuda (f)	['pega-ha'buda]
raven	corvo (m)	['korvu]
crow	gralha-cinzenta (f)	['graʎa sĩ'zēta]
jackdaw	gralha-de-nuca-cinzenta (f)	['graʎa de 'nuka sĩ'zēta]
rook	gralha-calva (f)	['graʎa 'kawvu]
duck	pato (m)	['patu]
goose	ganso (m)	['gãsu]
pheasant	faisão (m)	[faj'zãw]
eagle	águia (f)	['agja]
hawk	açor (m)	[a'sor]
falcon	falcão (m)	[faw'kãw]
vulture	abutre (m)	[a'butri]
condor (Andean ~)	condor (m)	[kõ'dor]
swan	cisne (m)	['sizni]
crane	grou (m)	[grow]
stork	cegonha (f)	[se'gɔɲa]
parrot	papagaio (m)	[papa'gaju]
hummingbird	beija-flor (m)	[bejʒa'flɔr]
peacock	pavão (m)	[pa'vãw]
ostrich	avestruz (m)	[aves'truz]
heron	garça (f)	['garsa]
flamingo	flamingo (m)	[fla'mĩgu]
pelican	pelicano (m)	[peli'kanu]
nightingale	rouxinol (m)	[hoʃi'now]
swallow	andorinha (f)	[ãdo'riɲa]
thrush	tordo-zornal (m)	['tɔrdu-zor'nal]
song thrush	tordo-músico (m)	['tɔrdu-'muziku]
blackbird	melro-preto (m)	['mɛwhu 'pretu]
swift	andorinhão (m)	[ãdori'ɲãw]
lark	laverca, cotovia (f)	[la'verka], [kutu'via]
quail	codorna (f)	[ko'dɔrna]
woodpecker	pica-pau (m)	['pika 'paw]
cuckoo	cuco (m)	['kuku]
owl	coruja (f)	[ko'ruʒa]

eagle owl	bufo-real (m)	['bufu-he'aw]
wood grouse	tetraz-grande (m)	[tɛ'tras-'grãdʒi]
black grouse	tetraz-lira (m)	[tɛ'tras-'lira]
partridge	perdiz-cinzenta (f)	[per'dis sĩ'zẽta]
starling	estorninho (m)	[istor'niɲu]
canary	canário (m)	[ka'narju]
hazel grouse	galinha-do-mato (f)	[ga'liɲa du 'matu]
chaffinch	tentilhão (m)	[tẽtʃi'ʎãw]
bullfinch	dom-fafe (m)	[dõ'fafi]
seagull	gaivota (f)	[gaj'vɔta]
albatross	albatroz (m)	[alba'trɔs]
penguin	pinguim (m)	[pĩ'gwĩ]

139. Fish. Marine animals

bream	brema (f)	['brema]
carp	carpa (f)	['karpa]
perch	perca (f)	['pehka]
catfish	siluro (m)	[si'luru]
pike	lúcio (m)	['lusju]
salmon	salmão (m)	[saw'mãw]
sturgeon	esturjão (m)	[istur'ʒãw]
herring	arenque (m)	[a'rẽki]
Atlantic salmon	salmão (m) do Atlântico	[saw'mãw du at'lãtʃiku]
mackerel	cavala, sarda (f)	[ka'vala], ['sarda]
flatfish	solha (f), linguado (m)	['soʎa], [lĩ'gwadu]
zander, pike perch	lúcio perca (m)	['lusju 'perka]
cod	bacalhau (m)	[baka'ʎaw]
tuna	atum (m)	[a'tũ]
trout	truta (f)	['truta]
eel	enguia (f)	[ẽ'gia]
electric ray	raia (f) elétrica	['haja e'lɛtrika]
moray eel	moreia (f)	[mo'reja]
piranha	piranha (f)	[pi'raɲa]
shark	tubarão (m)	[tuba'rãw]
dolphin	golfinho (m)	[gow'fiɲu]
whale	baleia (f)	[ba'leja]
crab	caranguejo (m)	[karã'geʒu]
jellyfish	água-viva (f)	['agwa 'viva]
octopus	polvo (m)	['powvu]
starfish	estrela-do-mar (f)	[is'trela du 'mar]
sea urchin	ouriço-do-mar (m)	[o'risu du 'mar]

seahorse	cavalo-marinho (m)	[ka'valu ma'riɲu]
oyster	ostra (f)	['ɔstra]
shrimp	camarão (m)	[kama'rãw]
lobster	lagosta (f)	[la'gosta]
spiny lobster	lagosta (f)	[la'gosta]

140. Amphibians. Reptiles

snake	cobra (f)	['kɔbra]
venomous (snake)	venenoso	[vene'nozu]
viper	víbora (f)	['vibora]
cobra	naja (f)	['naʒa]
python	píton (m)	['pitɔn]
boa	jiboia (f)	[ʒi'bɔja]
grass snake	cobra-de-água (f)	[kɔbra de 'agwa]
rattle snake	cascavel (f)	[kaska'vɛw]
anaconda	anaconda, sucuri (f)	[ana'kõda], [sukuri]
lizard	lagarto (m)	[la'gartu]
iguana	iguana (f)	[i'gwana]
monitor lizard	varano (m)	[va'ranu]
salamander	salamandra (f)	[sala'mãdra]
chameleon	camaleão (m)	[kamale'ãu]
scorpion	escorpião (m)	[iskorpi'ãw]
turtle	tartaruga (f)	[tarta'ruga]
frog	rã (f)	[hã]
toad	sapo (m)	['sapu]
crocodile	crocodilo (m)	[krokoˈdʒilu]

141. Insects

insect, bug	inseto (m)	[ĩ'sɛtu]
butterfly	borboleta (f)	[borbo'leta]
ant	formiga (f)	[for'miga]
fly	mosca (f)	['moska]
mosquito	mosquito (m)	[mos'kitu]
beetle	escaravelho (m)	[iskara'veʎu]
wasp	vespa (f)	['vespa]
bee	abelha (f)	[a'beʎa]
bumblebee	mamangaba (f)	[mamã'gaba]
gadfly (botfly)	moscardo (m)	[mos'kardu]
spider	aranha (f)	[a'raɲa]
spiderweb	teia (f) de aranha	['teja de a'raɲa]

dragonfly	**libélula** (f)	[li'bɛlula]
grasshopper	**gafanhoto** (m)	[gafa'ɲotu]
moth (night butterfly)	**traça** (f)	['trasa]
cockroach	**barata** (f)	[ba'rata]
tick	**carrapato** (m)	[kaha'patu]
flea	**pulga** (f)	['puwga]
midge	**borrachudo** (m)	[boha'ʃudu]
locust	**gafanhoto-migratório** (m)	[gafa'ɲotu-migra'tɔrju]
snail	**caracol** (m)	[kara'kɔw]
cricket	**grilo** (m)	['grilu]
lightning bug	**pirilampo, vaga-lume** (m)	[piri'lãpu], [vaga-'lumi]
ladybug	**joaninha** (f)	[ʒwa'niɲa]
cockchafer	**besouro** (m)	[be'zoru]
leech	**sanguessuga** (f)	[sãgi'suga]
caterpillar	**lagarta** (f)	[la'garta]
earthworm	**minhoca** (f)	[mi'ɲɔka]
larva	**larva** (f)	['larva]

Flora

142. Trees

tree	**árvore** (f)	['arvori]
deciduous (adj)	**decídua**	[de'sidwa]
coniferous (adj)	**conífera**	[ko'nifera]
evergreen (adj)	**perene**	[pe'rɛni]
apple tree	**macieira** (f)	[ma'sjejra]
pear tree	**pereira** (f)	[pe'rejra]
sweet cherry tree	**cerejeira** (f)	[sere'ʒejra]
sour cherry tree	**ginjeira** (f)	[ʒĩ'ʒejra]
plum tree	**ameixeira** (f)	[amej'ʃejra]
birch	**bétula** (f)	['bɛtula]
oak	**carvalho** (m)	[kar'vaʎu]
linden tree	**tília** (f)	['tʃilja]
aspen	**choupo-tremedor** (m)	['ʃopu-treme'dor]
maple	**bordo** (m)	['bɔrdu]
spruce	**espruce** (m)	[is'pruse]
pine	**pinheiro** (m)	[pi'ɲejru]
larch	**alerce, lariço** (m)	[a'lɛrse], [la'risu]
fir tree	**abeto** (m)	[a'bɛtu]
cedar	**cedro** (m)	['sɛdru]
poplar	**choupo, álamo** (m)	['ʃopu], ['alamu]
rowan	**tramazeira** (f)	[trama'zejra]
willow	**salgueiro** (m)	[saw'gejru]
alder	**amieiro** (m)	[a'mjejru]
beech	**faia** (f)	['faja]
elm	**ulmeiro, olmo** (m)	[ul'mejru], ['ɔwmu]
ash (tree)	**freixo** (m)	['frejʃu]
chestnut	**castanheiro** (m)	[kasta'ɲejru]
magnolia	**magnólia** (f)	[mag'nɔlja]
palm tree	**palmeira** (f)	[paw'mejra]
cypress	**cipreste** (m)	[si'prɛstʃi]
mangrove	**mangue** (m)	['mãgi]
baobab	**embondeiro, baobá** (m)	[ẽbõ'dejru], [bao'ba]
eucalyptus	**eucalipto** (m)	[ewka'liptu]
sequoia	**sequoia** (f)	[se'kwɔja]

143. Shrubs

bush	**arbusto** (m)	[ar'bustu]
shrub	**arbusto** (m), **moita** (f)	[ar'bustu], ['mɔjta]
grapevine	**videira** (f)	[vi'dejra]
vineyard	**vinhedo** (m)	[vi'ɲedu]
raspberry bush	**framboeseira** (f)	[frãboe'zejra]
blackcurrant bush	**groselheira-negra** (f)	[grozeˈʎejra 'negra]
redcurrant bush	**groselheira-vermelha** (f)	[grozɛˈʎejra ver'meʎa]
gooseberry bush	**groselheira** (f) **espinhosa**	[grozeˈʎejra ispi'ɲoza]
acacia	**acácia** (f)	[a'kasja]
barberry	**bérberis** (f)	['bɛrberis]
jasmine	**jasmim** (m)	[ʒaz'mĩ]
juniper	**junípero** (m)	[ʒu'niperu]
rosebush	**roseira** (f)	[ho'zejra]
dog rose	**roseira** (f) **brava**	[ho'zejra 'brava]

144. Fruits. Berries

fruit	**fruta** (f)	['fruta]
fruits	**frutas** (f pl)	['frutas]
apple	**maçã** (f)	[ma'sã]
pear	**pera** (f)	['pera]
plum	**ameixa** (f)	[a'mejʃa]
strawberry (garden ~)	**morango** (m)	[mo'rãgu]
sour cherry	**ginja** (f)	['ʒĩʒa]
sweet cherry	**cereja** (f)	[se'reʒa]
grape	**uva** (f)	['uva]
raspberry	**framboesa** (f)	[frãbo'eza]
blackcurrant	**groselha** (f) **negra**	[groˈzɛʎa 'negra]
redcurrant	**groselha** (f) **vermelha**	[[groˈzɛʎa ver'meʎa]
gooseberry	**groselha** (f) **espinhosa**	[groˈzɛʎa ispi'ɲoza]
cranberry	**oxicoco** (m)	[oksi'koku]
orange	**laranja** (f)	[la'rãʒa]
mandarin	**tangerina** (f)	[tãʒe'rina]
pineapple	**abacaxi** (m)	[abaka'ʃi]
banana	**banana** (f)	[ba'nana]
date	**tâmara** (f)	['tamara]
lemon	**limão** (m)	[li'mãw]
apricot	**damasco** (m)	[da'masku]
peach	**pêssego** (m)	['pesegu]

| kiwi | quiuí (m) | [ki'vi] |
| grapefruit | toranja (f) | [to'rãʒa] |

berry	baga (f)	['baga]
berries	bagas (f pl)	['bagas]
cowberry	arando (m) vermelho	[a'rãdu ver'meʎu]
wild strawberry	morango-silvestre (m)	[mo'rãgu siw'vɛstri]
bilberry	mirtilo (m)	[mih'tʃilu]

145. Flowers. Plants

| flower | flor (f) | [flɔr] |
| bouquet (of flowers) | buquê (m) de flores | [bu'ke de 'flɔris] |

rose (flower)	rosa (f)	['hɔza]
tulip	tulipa (f)	[tu'lipa]
carnation	cravo (m)	['kravu]
gladiolus	gladíolo (m)	[gla'dʒiolu]

cornflower	escovinha (f)	[isko'viɲa]
harebell	campainha (f)	[kampa'iɲa]
dandelion	dente-de-leão (m)	['dẽtʃi] de le'ãw]
camomile	camomila (f)	[kamo'mila]

aloe	aloé (m)	[alo'ɛ]
cactus	cacto (m)	['kaktu]
rubber plant, ficus	fícus (m)	['fikus]

lily	lírio (m)	['lirju]
geranium	gerânio (m)	[ʒe'ranju]
hyacinth	jacinto (m)	[ʒa'sĩtu]

mimosa	mimosa (f)	[mi'mɔza]
narcissus	narciso (m)	[nar'sizu]
nasturtium	capuchinha (f)	[kapu'ʃiɲa]

orchid	orquídea (f)	[or'kidʒja]
peony	peônia (f)	[pi'onia]
violet	violeta (f)	[vjo'leta]

pansy	amor-perfeito (m)	[a'mor per'fejtu]
forget-me-not	não-me-esqueças (m)	['nãw mi is'kesas]
daisy	margarida (f)	[marga'rida]

poppy	papoula (f)	[pa'pola]
hemp	cânhamo (m)	['kaɲamu]
mint	hortelã, menta (f)	[orte'lã], ['mẽta]

| lily of the valley | lírio-do-vale (m) | ['lirju du 'vali] |
| snowdrop | campânula-branca (f) | [kã'panula-'brãka] |

nettle	**urtiga** (f)	[ur'tʃiga]
sorrel	**azedinha** (f)	[aze'dʒinha]
water lily	**nenúfar** (m)	[ne'nufar]
fern	**samambaia** (f)	[samã'baja]
lichen	**líquen** (m)	['likẽ]
conservatory (greenhouse)	**estufa** (f)	[is'tufa]
lawn	**gramado** (m)	[gra'madu]
flowerbed	**canteiro** (m) **de flores**	[kã'tejru de 'floris]
plant	**planta** (f)	['plãta]
grass	**grama** (f)	['grama]
blade of grass	**folha** (f) **de grama**	['foʎa de 'grama]
leaf	**folha** (f)	['foʎa]
petal	**pétala** (f)	['pɛtala]
stem	**talo** (m)	['talu]
tuber	**tubérculo** (m)	[tu'berkulu]
young plant (shoot)	**broto, rebento** (m)	['brotu], [he'bẽtu]
thorn	**espinho** (m)	[is'piɲu]
to blossom (vi)	**florescer** (vi)	[flore'ser]
to fade, to wither	**murchar** (vi)	[mur'ʃar]
smell (odor)	**cheiro** (m)	['ʃejru]
to cut (flowers)	**cortar** (vt)	[kor'tar]
to pick (a flower)	**colher** (vt)	[ko'ʎer]

146. Cereals, grains

grain	**grão** (m)	['grãw]
cereal crops	**cereais** (m pl)	[se'rjajs]
ear (of barley, etc.)	**espiga** (f)	[is'piga]
wheat	**trigo** (m)	['trigu]
rye	**centeio** (m)	[sẽ'teju]
oats	**aveia** (f)	[a'veja]
millet	**painço** (m)	[pa'ĩsu]
barley	**cevada** (f)	[se'vada]
corn	**milho** (m)	['miʎu]
rice	**arroz** (m)	[a'hoz]
buckwheat	**trigo-sarraceno** (m)	['trigu-saha'sẽnu]
pea plant	**ervilha** (f)	[er'viʎa]
kidney bean	**feijão** (m) **roxo**	[fej'ʒãw 'hoʃu]
soy	**soja** (f)	['sɔʒa]
lentil	**lentilha** (f)	[lẽ'tʃiʎa]
beans (pulse crops)	**feijão** (m)	[fej'ʒãw]

COUNTRIES. NATIONALITIES

147. Western Europe

Europe	**Europa** (f)	[ew'rɔpa]
European Union	**União** (f) **Europeia**	[u'njãw euro'pɛja]
Austria	**Áustria** (f)	['awstrja]
Great Britain	**Grã-Bretanha** (f)	[grã-bre'taɲa]
England	**Inglaterra** (f)	[ĩgla'tɕha]
Belgium	**Bélgica** (f)	['bɛwʒika]
Germany	**Alemanha** (f)	[ale'mãɲa]
Netherlands	**Países Baixos** (m pl)	[pa'jisis 'baɪʃus]
Holland	**Holanda** (f)	[o'lãda]
Greece	**Grécia** (f)	['grɛsja]
Denmark	**Dinamarca** (f)	[dʒina'marka]
Ireland	**Irlanda** (f)	[ir'lãda]
Iceland	**Islândia** (f)	[iz'lãdʒa]
Spain	**Espanha** (f)	[is'paɲa]
Italy	**Itália** (f)	[i'talja]
Cyprus	**Chipre** (m)	['ʃipri]
Malta	**Malta** (f)	['mawta]
Norway	**Noruega** (f)	[nor'wɛga]
Portugal	**Portugal** (m)	[portu'gaw]
Finland	**Finlândia** (f)	[fĩ'lãdʒja]
France	**França** (f)	['frãsa]
Sweden	**Suécia** (f)	['swɛsja]
Switzerland	**Suíça** (f)	['swisa]
Scotland	**Escócia** (f)	[is'kɔsja]
Vatican	**Vaticano** (m)	[vatʃi'kanu]
Liechtenstein	**Liechtenstein** (m)	[liʃtẽs'tajn]
Luxembourg	**Luxemburgo** (m)	[luʃẽ'burgu]
Monaco	**Mônaco** (m)	['monaku]

148. Central and Eastern Europe

Albania	**Albânia** (f)	[aw'banja]
Bulgaria	**Bulgária** (f)	[buw'garja]
Hungary	**Hungria** (f)	[ũ'gria]

Latvia	**Letônia** (f)	[le'tonja]
Lithuania	**Lituânia** (f)	[li'twanja]
Poland	**Polônia** (f)	[po'lonja]

Romania	**Romênia** (f)	[ho'menja]
Serbia	**Sérvia** (f)	['sɛhvia]
Slovakia	**Eslováquia** (f)	[islɔ'vakja]

Croatia	**Croácia** (f)	[kro'asja]
Czech Republic	**República** (f) **Checa**	[he'publika 'ʃeka]
Estonia	**Estônia** (f)	[is'tonja]

Bosnia and Herzegovina	**Bósnia e Herzegovina** (f)	['bɔsnia i ɛrtsegɔ'vina]
Macedonia (Republic of ~)	**Macedônia** (f)	[mase'donja]
Slovenia	**Eslovênia** (f)	[islɔ'venja]
Montenegro	**Montenegro** (m)	[mõtʃi'negru]

149. Former USSR countries

| Azerbaijan | **Azerbaijão** (m) | [azerbaj'ʒãw] |
| Armenia | **Armênia** (f) | [ar'menja] |

Belarus	**Belarus**	[bela'rus]
Georgia	**Geórgia** (f)	['ʒɔrʒa]
Kazakhstan	**Cazaquistão** (m)	[kazakis'tãw]
Kirghizia	**Quirguistão** (m)	[kirgis'tãw]
Moldova, Moldavia	**Moldávia** (f)	[mow'davja]

| Russia | **Rússia** (f) | ['husja] |
| Ukraine | **Ucrânia** (f) | [u'kranja] |

Tajikistan	**Tajiquistão** (m)	[taʒiki'stãw]
Turkmenistan	**Turquemenistão** (m)	[turkemenis'tãw]
Uzbekistan	**Uzbequistão** (f)	[uzbekis'tãw]

150. Asia

Asia	**Ásia** (f)	['azja]
Vietnam	**Vietnã** (m)	[vjet'nã]
India	**Índia** (f)	['ĩdʒa]
Israel	**Israel** (m)	[izha'ɛw]

China	**China** (f)	['ʃina]
Lebanon	**Líbano** (m)	['libanu]
Mongolia	**Mongólia** (f)	[mõ'gɔlja]

| Malaysia | **Malásia** (f) | [ma'lazja] |
| Pakistan | **Paquistão** (m) | [pakis'tãw] |

Saudi Arabia	**Arábia** (f) **Saudita**	[a'rabja saw'dʒita]
Thailand	**Tailândia** (f)	[taj'lãdʒja]
Taiwan	**Taiwan** (m)	[taj'wan]
Turkey	**Turquia** (f)	[tur'kia]
Japan	**Japão** (m)	[ʒa'pãw]
Afghanistan	**Afeganistão** (m)	[afeganis'tãw]
Bangladesh	**Bangladesh** (m)	[bãgla'dɛs]
Indonesia	**Indonésia** (f)	[ĩdo'nɛzja]
Jordan	**Jordânia** (f)	[ʒor'danja]
Iraq	**Iraque** (m)	[i'raki]
Iran	**Irã** (m)	[i'rã]
Cambodia	**Camboja** (f)	[kã'bɔja]
Kuwait	**Kuwait** (m)	[ku'wejt]
Laos	**Laos** (m)	['laws]
Myanmar	**Birmânia** (f)	[bir'manja]
Nepal	**Nepal** (m)	[ne'paw]
United Arab Emirates	**Emirados Árabes Unidos**	[emi'radus 'arabis u'nidus]
Syria	**Síria** (f)	['sirja]
Palestine	**Palestina** (f)	[pales'tʃina]
South Korea	**Coreia** (f) **do Sul**	[ko'rɛja du suw]
North Korea	**Coreia** (f) **do Norte**	[ko'rɛja du 'nɔrtʃi]

151. North America

United States of America	**Estados Unidos da América** (m pl)	[i'stadus u'nidus da a'mɛrika]
Canada	**Canadá** (m)	[kana'da]
Mexico	**México** (m)	['mɛʃiku]

152. Central and South America

Argentina	**Argentina** (f)	[arʒẽ'tʃina]
Brazil	**Brasil** (m)	[bra'ziw]
Colombia	**Colômbia** (f)	[ko'lõbja]
Cuba	**Cuba** (f)	['kuba]
Chile	**Chile** (m)	['ʃili]
Bolivia	**Bolívia** (f)	[bo'livja]
Venezuela	**Venezuela** (f)	[vene'zwɛla]
Paraguay	**Paraguai** (m)	[para'gwaj]
Peru	**Peru** (m)	[pe'ru]
Suriname	**Suriname** (m)	[suri'nami]
Uruguay	**Uruguai** (m)	[uru'gwaj]

Ecuador	Equador (m)	[ekwa'dor]
The Bahamas	Bahamas (f pl)	[ba'amas]
Haiti	Haiti (m)	[aj'tʃi]
Dominican Republic	República (f) Dominicana	[he'publika domini'kana]
Panama	Panamá (m)	[pana'ma]
Jamaica	Jamaica (f)	[ʒa'majka]

153. Africa

Egypt	Egito (m)	[e'ʒitu]
Morocco	Marrocos	[ma'hɔkus]
Tunisia	Tunísia (f)	[tu'nizja]
Ghana	Gana (f)	['gana]
Zanzibar	Zanzibar (m)	[zãzi'bar]
Kenya	Quênia (f)	['kenja]
Libya	Líbia (f)	['libja]
Madagascar	Madagascar (m)	[mada'gaskar]
Namibia	Namíbia (f)	[na'mibja]
Senegal	Senegal (m)	[sene'gaw]
Tanzania	Tanzânia (f)	[tã'zanja]
South Africa	África (f) do Sul	['afrika du suw]

154. Australia. Oceania

Australia	Austrália (f)	[aws'tralja]
New Zealand	Nova Zelândia (f)	['nɔva zi'lãdʒa]
Tasmania	Tasmânia (f)	[taz'manja]
French Polynesia	Polinésia (f) Francesa	[poli'nɛzja frã'seza]

155. Cities

Amsterdam	Amsterdã	[amister'dã]
Ankara	Ancara	[ã'kara]
Athens	Atenas	[a'tenas]
Baghdad	Bagdá	[bagi'da]
Bangkok	Bancoque	[bã'kɔk]
Barcelona	Barcelona	[barse'lona]
Beijing	Pequim	[pe'kĩ]
Beirut	Beirute	[bej'rutʃi]
Berlin	Berlim	[ber'lĩ]
Bonn	Bonn	[bɔn]

Bordeaux	**Bordéus**	[bor'dɛus]
Bratislava	**Bratislava**	[brati'slava]
Brussels	**Bruxelas**	[bru'ʃɛlas]
Bucharest	**Bucareste**	[buka'rɛstʃi]
Budapest	**Budapeste**	[buda'pɛstʃi]
Cairo	**Cairo**	['kajru]

Chicago	**Chicago**	[ʃi'kagu]
Copenhagen	**Copenhague**	[kope'ɲagi]
Dar-es-Salaam	**Dar es Salaam**	[dar es sa'lãm]
Delhi	**Deli**	['dɛli]
Dubai	**Dubai**	[du'baj]

Dublin	**Dublim**	[dub'lĩ]
Düsseldorf	**Düsseldorf**	[duseldɔrf]
Florence	**Florença**	[flo'rẽsa]
Frankfurt	**Frankfurt**	['frãkfurt]
Geneva	**Genebra**	[ʒe'nɛbra]

Hamburg	**Hamburgo**	[ã'burgu]
Hanoi	**Hanói**	[ha'nɔj]
Havana	**Havana**	[a'vana]
Helsinki	**Helsinque**	[ew'sĩki]
Hiroshima	**Hiroshima**	[irɔ'ʃima]

Hong Kong	**Hong Kong**	[oŋ'koŋ]
Istanbul	**Istambul**	[istã'buw]
Jerusalem	**Jerusalém**	[ʒeruza'lẽ]
Kolkata (Calcutta)	**Calcutá**	[kawku'ta]
Kuala Lumpur	**Kuala Lumpur**	['kwala lũ'pur]

Kyiv	**Kiev, Quieve**	[ki'ɛv], [ki'eve]
Lisbon	**Lisboa**	[liz'boa]
London	**Londres**	['lõdris]
Los Angeles	**Los Angeles**	[loz 'ãʒeles]
Lyons	**Lion**	[li'ɔŋ]
Madrid	**Madrid**	[ma'drid]

Marseille	**Marselha**	[mar'sɛʎa]
Mexico City	**Cidade do México**	[si'dadʒi du 'mɛʃiku]
Miami	**Miami**	[ma'jami]
Montreal	**Montreal**	[mõtri'al]
Moscow	**Moscou**	[mos'kow]

Mumbai (Bombay)	**Mumbai**	[mũ'baj]
Munich	**Munique**	[mu'niki]
Nairobi	**Nairóbi**	[naj'rɔbi]
Naples	**Nápoles**	['napolis]
New York	**Nova York**	['nɔva 'jɔrk]

| Nice | **Nice** | ['nisi] |
| Oslo | **Oslo** | ['ɔzlow] |

Ottawa	**Ottawa**	[ɔ'tawa]
Paris	**Paris**	[pa'ris]
Prague	**Praga**	['praga]
Rio de Janeiro	**Rio de Janeiro**	['hiu de ʒa'nejru]
Rome	**Roma**	['homa]
Saint Petersburg	**São Petersburgo**	['sãw peters'burgu]
Seoul	**Seul**	[se'uw]
Shanghai	**Xangai**	[ʃã'gaj]
Singapore	**Cingapura** (f)	[sĩga'pura]
Stockholm	**Estocolmo**	[isto'kɔwmu]
Sydney	**Sydney**	['sidnej]
Taipei	**Taipé**	[taj'pɛ]
The Hague	**Haia**	['aja]
Tokyo	**Tóquio**	['tɔkju]
Toronto	**Toronto**	[to'rõtu]
Venice	**Veneza**	[ve'neza]
Vienna	**Viena**	['vjɛna]
Warsaw	**Varsóvia**	[var'sɔvja]
Washington	**Washington**	['waʃĩgtɔn]

www.ingramcontent.com/pod-product-compliance
Lightning Source LLC
Chambersburg PA
CBHW070551050426
42450CB00011B/2813